...On est les Cieux, on est la Terre, enfin on cesse
De vivre et de sentir pour s'aimer au–delà...
Et c'est l'éternité que je t'offre ; prends–la!

Verlaine

— Ch.ᵉ Quentin —

Citoyens, — sur la tombe d'un
représentant du peuple — la plus belle l'éloge
qu'on puisse faire de lui c'est de dire un
mot qui est refoulé dans nos cœurs. Liberté

Pendant 17 ans on nous avait caché sa
tombe, nous l'avons découverte aujourd'hui
et en présence d'une manifestation nombre
très nombreuse nous venons tous ici rendre
hommage au courageux citoyen qui est
mort en défendant la loi sur les barrica
du 3 Xᵇʳᵉ 1851.

— Un gardien interrogé par des
dames sur la nature de ce rassemblement
répondit; c'est un bout de l'an.

VERLAINE

jacques-henri bornecque

écrivains de toujours/seuil

London
Oct. 72.

... Plus on me lira, plus on se convaincra qu'une sorte d'unité relie mes choses premières à celles de mon âge mûr.
(Préface pour une réédition des *Poèmes saturniens*, 1890.)

LE SATURNIEN

De quel Verlaine s'agit-il et quel *lui-même* est le vrai ? Plus d'un Verlaine, dans la mémoire, revendique à son tour la suprématie. Serait-ce le romantique énigmatique et maudit qui persévère par-delà les *Poèmes saturniens* ? Le magicien esthète des *Fêtes galantes* ? L'idyllique amoureux de *la Bonne Chanson* ? Ou plutôt l'initié des *Romances sans paroles*, le maître et l'élève de Rimbaud ? Mais encore, si Rimbaud a été un intercesseur de la grâce, le Verlaine essentiel ne réside-t-il pas dans *Sagesse* ? A moins qu'il ne soit enfin ce poète délibérément installé dans la double et libre amitié de la chair et de l'âme, *parallèlement* ? Cependant lui qui anime tour à tour chacun de ses instruments d'incantation, en aurait-il tant essayé s'il avait pu faire rendre à l'un seul d'entre eux les harmoniques mystérieuses et consolatrices qu'il a toujours cherchées ? Cette ingénuité, cette simplicité sur lesquelles Verlaine a si souvent insisté avec complaisance et qu'il atteste d'ailleurs imperturbablement au cœur de passions simultanées et d'inspirations contradictoires, ne sont-elles pas faites de simplicités et de sincérités successives – comme en convient au fond ce témoin aboulique, lucide, insatisfait de lui-même et du monde, qui n'a cessé de demander aux miroirs leurs secrets en rêvant aux moyens de les traverser ?

« Homo duplex Paul Verlaine » : la constatation fut tardive, mais il y avait longtemps qu'il s'était confessé à lui-même. Bien des « doubles » se relayèrent quand ils ne combattirent pas dans l'ombre pour la prééminence : le Verlaine tel qu'il s'est voulu, le Verlaine tel qu'il s'est cru, le Verlaine tel qu'il s'est cru vouloir (ce sont ses propres expressions) – celui qui s'assume, celui qui se cherche, le Verlaine du rêve fugitivement rejoint par l'homme du quotidien, le Verlaine dépassé par les initiatives de son être le plus secret et le plus hardi, en attendant le Verlaine des vieux jours qui a délibérément mis son âme en viager ?

Sur ses recherches, sur ses doutes, ses extases, ses rages, ses ferveurs, il s'est maintes fois raconté, surtout par l'intermédiaire de ses œuvres poétiques, c'est-à-dire à la seconde puissance, et quasi à son insu, dans une sorte de libération intérieure qui parfois représente la victoire de la création sur le créateur, mais plus souvent un cadeau de la création au créateur. Qu'en effet la création authentique soit la grâce d'une nécessité interne, personne n'en peut douter finalement. Encore faut-il se convaincre aussi que l'œuvre poétique n'est jamais, à peine de faillite, l'expression directe du monde brut, chaotique et rebelle que le créateur est contraint d'assumer : il existe, de la matière à la créature sentante, et de la créature pensante à la création qu'elle « sécrète », un changement de règnes et une modification de densité qui entraînent une transformation analogue au phénomène de réfraction. On peut dire qu'en outre chaque créateur possède un indice de réfraction original. C'est la découverte de ce double indice de réfraction, technique et psychologique, entre l'existence sans vie et la restitution de la vraie vie par l'œuvre, qui permet au créateur de se délivrer lui-même, et de délivrer le monde par sa propre création.

Verlaine a décelé, sinon sans expériences, du moins sans grande peine, l'indice de réfraction technique qui lui permettait de délivrer la féerie du monde. Par contre, en des équations toujours nouvelles et toujours contrariées, il n'a jamais qu'approché le coefficient de réfraction psychologique, seul capable de le délivrer de son propre monde. Certes, il connaît d'instinct, ou découvre vite mainte formule libératrice : mais ces formules sont des magiciennes précaires. Isolé, anxieux, écartelé entre ses tendances contraires jusqu'à l'abdication de la vieillesse, Verlaine a cherché sans répit, dans différents domaines dont la poésie offre les clefs, un monde de compensation et de sublimation où trouver *ensemble* un appui stable, une ivresse lucide, une mystique durable : en somme, un absolu pour l'âme et un alibi pour ce qu'on nomme le cœur. Pessimiste jusqu'au malaise et aux transes, réceptif jusqu'à l'extase sans cause apparente, presque perpétuellement sur une échelle de Jacob entre la détresse et la nostalgie, il est fait, sinon pour croire absolument, plus tard, avec Rimbaud, que *Je est un Autre*, du moins pour se persuader très tôt de ce que *Je* DOIT ÊTRE *un Autre*, et que c'est cet *Autre* qui nous secourt. Celui qui ne sent pas déjà le mystère en lui-même, comment soupçonnerait-il le moindre mystère au sein du monde ? Pourquoi deviendrait-il poète, c'est-à-dire déchiffreur, si l'univers et *son* univers étaient à ses yeux sans complexité ?

La vie et l'œuvre de Verlaine révèlent finalement le principe et la nostalgie d'une *continuité mystérieuse* dont on a trop souvent douté. N'est-elle pas un des pouvoirs capitaux de la poésie, cette rédemption énigmatique et souveraine de l'être et du monde ? Avec quelle force d'indignation ne convient-il pas de s'élever à ce propos contre la sentencieuse absurdité de Boileau :

« Le vers se sent toujours des bassesses du cœur »

Non, sauf lorsque l'auteur (comme souvent Verlaine vieillissant aux pieds de ses déesses de garnis) se brave sciemment en condamnant son art à faire le trottoir du quotidien ou le ménage de la chronique, le vers ne se sent pas des bassesses du cœur. Il les brûle, au contraire. Successivement il existe en puissance, il est appelé, il est mérité, créé pour qu'un pauvre homme – comme chacun de nous – puisse recourir à leur transfiguration et s'écrie, à l'exemple de ce Baudelaire qui fut le premier maître fraternel de Verlaine : « Mon Dieu, donnez-moi la grâce d'écrire quelques beaux vers, afin que je ne me sente pas le dernier des hommes ! »

« Poésie, c'est délivrance! » : cette formule de Gœthe, il n'est pas anormal que Verlaine l'ait prise à son compte, mais on ne l'attendait guère sur un exemplaire des *Poèmes saturniens*, son premier recueil imprimé, et il est significatif qu'il l'y ait un jour inscrite en guise de dédicace, sur un exemplaire que me montrait jadis la romancière Marcelle Tynaire. Délivrance (dans la double acception de libération et de mise au monde) de tout ce que l'homme-poète a constaté et éprouvé de tristesses positives comme de virtualités exaltantes. C'est que l'éveil à la souffrance confuse a coïncidé presque immédiatement chez Verlaine avec l'éveil à la conscience claire. Pas de printemps durable dans cette adolescence : les gelées de mai qui flétrissent les fleurs et, aussitôt après, des jours étouffants. Depuis sa quatorzième année environ, Verlaine a connu d'un coup les solitudes torrides du cœur et du corps avec toutes les envies compensatoires, romantique honteux qui s'offre des fêtes précaires au-dedans de lui-même pour tenter de faire pièce aux ébats de ses démons intimes.

Son enfance, cependant, avait été lumineuse, sans obstacles ni problèmes familiaux. Une mère rêveuse, éperdument ravie d'avoir enfin, le 30 mars 1844, à Metz, au bout de treize ans de mariage, l'enfant attendu après trois grossesses avortées (elle gardait les fœtus dans l'alcool) et qui adora ce fils unique à l'égal de la fille qu'elle avait souhaitée, prénommant Paul-Marie cet éternel androgyne de caractère, par elle voué au bleu. Un père tendre et bourru, officier qui fait parfois semblant d'être disciplinaire pour tenter de cacher sa faiblesse. Pourtant, dès 1875, après l'examen de conscience de sa conversion, adjurant Rimbaud en des vers plus tard recueillis dans *Sagesse :*

« Le poète est un fou perdu dans l'aventure... »
Odilon Redon, « Pégase captif », 1889.

Malheureux ! Tous les dons, la gloire du baptême,
Ton enfance chrétienne, une mère qui t'aime...
... Tu pilles tout, tu perds en viles simagrées
Jusqu'aux derniers pouvoirs de ton esprit, hélas !
La malédiction de n'être jamais las
Suit tes pas sur le monde où l'horizon t'attire,
L'enfant prodigue avec des gestes de satyre !
Nul avertissement, douloureux ou moqueur,
Ne prévaut sur l'élan funeste de ton cœur...

Un père tendre et bourru...
Nicolas-Auguste Verlaine

Une mère rêveuse...
Elisa-Julie-Stéphanie Dehée

« *Vers l'an quarante huit, bébé rotond, en Montpellier* »
Dessin de Verlaine

Au bon peintre Arran Jean,
Sur un portrait, enfin reposé qu'il avait fait de moi.

Vous m'avez pris dans un moment de calme familier
Où le masque devient comme enfantin comme à nouveau.
Tel j'étais, moi, la barbe et le front de tête de Stibille
Vers l'an Quarante huit, bébé rotond, en Montpellier

J'allais par des Peyroux, tranquillement, avec ma bonne
J'y faisais mille et des sorties de sable inexzeynables,
Et des fossés remplis, mon Dieu, de eaux les moins potables
Suivant l'exemple que J'y pense ma pompier nous donne !

Je voyais passer des processions, des pénitents
Et proclamer la République en ce candide temps,
Où Ghil et Morías n'étaient pas encore inventés ;

— Mais, malgré ce souci de nos jours qu'il agite et
— Et d'autres, au tréfonds de nos moelles en un troubla.
Je demeure assuré, conform à votre excellent double
Hôp Broussais, X 9¹

Paul Verlaine

voici qu'il les relit, s'étonne soudain et note : *Après coup, je me suis aperçu que cela pouvait s'appliquer à* poor myself!

Peu de souvenirs caractéristiques à relever dans les premières années, sauf un éloignement instinctif à l'égard de l'atmosphère du Midi. C'est que Verlaine est avant tout un fils du Nord. Connut-il la personnalité de ses ascendants et leurs idiosyncrasies ? Très peu, et d'une manière assez vague ; assez tardivement aussi pour qu'on ne le croie pas contaminé par la simple idée fixe d'une hérédité après tout réellement singulière. Suffisamment pourtant pour rappeler dans une conférence en Belgique que sa famille était *de vieille souche ardennaise.* En outre, ce qui est plus troublant, il a parlé dans *Mes hôpitaux* de

> *ce pauvre moi*
> *... Toujours en quête*
> *Du bon repos, du bon abri*
> *Et qui fait des bonds de cabri*
> *Sous les crocs de toute une race !*

Ainsi s'exclame l'homme malade et vieilli, préoccupé de trouver des excuses à son destin. C'est des antennes qu'il doit à sa race que pourrait en revanche parler le poète éternel. C'est en lui et dans nul autre de sa lignée que se disposent à s'orchestrer enfin les impressions confusément amassées par tant d'hommes du Nord et de l'Est, voués aux longs crépuscules, aux automnes sournois ou pathétiques, à l'envoûtement des bois, des sous-bois, des eaux dormantes : c'est-à-dire, bien plus qu'ailleurs, à l'emprise de l'instant qui fuit et du clair-obscur qui porte au songe.

> *Au pays de mon père on voit des bois sans nombre.*
> *Là les loups font parfois luire leurs yeux dans l'ombre*
> *Et la myrtille est noire au pied du chêne vert.*
> *Noire de profondeur, sur l'étang découvert...*

raconte un poème d'*Amour.* Ces bois et ces étangs, Verlaine ne les découvre pas, il les reconnaît. Prédisposé à sentir instamment quelque présence, quelque secret blottis au cœur des choses, à l'intersection des saisons et des heures, des

> « *Il fait un temps ainsi que je les aime,*
> *Ni brume ni soleil ! le soleil deviné,*
> *Pressenti...* »

ombres et des reflets, il éprouve dès l'éveil de sa sensibilité la vocation de se traduire à soi-même ce mystère intime du monde, faute de pouvoir l'expliquer ou en chasser la lancinante appréhension. Quand, au troisième chapitre de ses *Confessions*, il écrit : *Les yeux surtout chez moi furent précoces... Bien que je fusse poltron dans l'obscurité, une curiosité m'y poussait, j'y cherchais je ne sais quoi, du blanc, du gris, des nuances peut-être* – il ne réinvente pas un souvenir, mais décèle une inclination de tout son être, comme l'homme qui, plus tard, du fond de sa cellule, exaltera de toutes ses forces la musique en mineur et les diatoniques de la nuance :

> *Pas la couleur, rien que la nuance !*
> *Oh! la nuance seule fiance*
> *Le rêve au rêve...*

Continûment, à des années d'intervalle, dès que l'âme en révèle une occasion, Verlaine s'enchante des mêmes sympathies entre des teintes demi-sœurs, entre la clarté et le silence. Les jeux confus du demi-jour répondant aux demi-jours et à la confusion du cœur, un ciel pâle dont le secret fraternise avec le secret intime, voilà l'état de la nature auquel Verlaine se plaît :

> *Il fait un de ces temps ainsi que je les aime,*
> *Ni brume ni soleil ! le soleil deviné*
> *Pressenti, du brouillard mourant dansant à même*
> *Le ciel très haut qui tourne et fuit, rose de crème ;*
> *L'atmosphère est de perle et la mer d'or fané.*
> (*Amour* : « Bournemouth ».)

Mais il lui aura fallu d'abord plus de dix ans pour enregistrer et vibrer sans souffrir ; pour devenir un visionnaire qui ne soit plus le greffier hypnotisé de la nature que nous révèlent les *Poèmes saturniens*. Mal à l'aise devant la surréalité des choses, accablé par le manque d'une réalité fraternelle, peut-il trouver, au seuil de sa vie personnelle, près de lui ou derrière lui, dans les acquisitions ou les révélations de ses années d'enfance, quelque certitude humaine, sociale, spirituelle ; quelque foyer ? Non. Après les avoir toutes approchées bon gré mal gré, vainement, il se ferme à elles avec un désespoir qu'il accompagne de sarcasmes. Trop simple, le bonheur aux côtés de parents aimables mais absents de la vraie vie! Trop médiocres, les années de collège où les bonnes notes de l'élève moyen ont infiniment moins d'importance que les tristes délices solitaires du potache amoureux d'un autre lui-même plus beau que lui, ou ses sournoises amitiés particulières! De lumière spirituelle, pas l'ombre. Aucune vie religieuse qui soit un sujet d'enchantement, de réflexion ou même de révolte, c'est-à-dire d'évasion par le haut. Une religiosité communautaire et mécanique dans un milieu et un climat décourageants. *Un flot de galopins déjà vicieux, à moitié flétris dans la fleur de leurs douze ans, ironiques, incrédules, qui chantaient* « Ah, si tu crois que je t'aime » *sur l'air de* « Esprit Saint, descendez en nous ». *Laides, église et chapelle. Affreux et odieux pour la plupart, les gosses du catéchisme dont j'étais, moi, encore aimable et naïf. (Confessions.)* Pourtant, affirme encore Verlaine, une *bonne* première communion, fervente, pleine du sentiment de la présence réelle. Mais sans aucun lendemain.

Verlaine à 13 ans

Ce qui compte davantage, ce sont les incessantes lectures pleines d'un érotisme effréné, qui fournissent un *cinéma de secours* et d'extraordinaires motifs d'évasion, toujours renouvelés, au romantisme du vice solitaire : de somptueux thèmes de compensation au petit interne qui grandit sans amarres et sans amour.

Verlaine, dès qu'il s'est reconnu – et tout enfant encore –, a senti en lui le besoin impérieux d'aimer. Pas seulement à la manière de saint Augustin qui déclarait : « J'aimais à aimer. » Pas seulement par soif de nouveauté, mais pour se rattacher à quelqu'un, à quelque chose. Infiniment moins pour sortir de lui-même que pour s'accomplir enfin. *Faut-il mettre au rang des symptômes qu'un psychologue pourrait découvrir dans l'espèce, une tendance à l'amativité que j'avais alors,* suggère-t-il dans ses *Confessions* en parlant de ses premiers balbutiements sentimentaux.

L'on pourrait croire que cette *amativité* dut être pour Verlaine, sinon toujours un réconfort, du moins un asile, une source de ferveurs sans fanatisme. Certes, au cours d'une vie violente et impulsive où il se montra prêt, plusieurs fois, à tout donner, il ne sera jamais continuellement tout à fait sevré d'amour. Une âme, deux ou trois visages éclaireront sa brume, bien qu'en définitive, on s'en rendra compte, le temps de bonheur réel avec celles ou ceux auxquels on pense soit largement inférieur à la durée officielle de ses intimités ou de ses unions privilégiées. Pourtant, au débouché sur la vie, puis dans l'ordinaire de ce qu'il appellera un jour *l'horreur de vivre*, cette affectivité avide et têtue, le faisant cheminer d'exaltations en chimères sentimentales, du sabbat des rêves érotiques aux déceptions les plus sordides, attisera au contraire sa propension à la mélancolie, à l'amertume, à une sensation de solitude et d'*irréalité* qui va jusqu'au raptus d'angoisse.

Car se faire comprendre en amour n'est pas le propre des timides. Être aimé facilement, c'est en principe le lot de ceux qui ont un extérieur agréable aux femmes et non, comme lui, un *gueusard de physique*. Peu importe malheureusement pour son destin intérieur qu'il s'exagérât sa laideur et s'en

Dessin de Péaron, 1869.

fît une obsession injustifiée : quelque remarque ironique d'un camarade, la froideur désobligeante d'une cavalière, cela suffit à le marquer à tout jamais. En prose, avec un humour noir ; en vers, par des allusions résignées mais au bord des larmes, c'est souvent et jusqu'à la fin de sa vie qu'il évoquera sa disgrâce. C'est déjà lui, ce Gaspard Hauser de *Sagesse* dont, bien plus tard, dans ses dernières années, quand les absinthes le rendaient à ses idées fixes, il répétait la complainte avec une ironie désespérée :

> ... *A vingt ans un trouble nouveau*
> *Sous le nom d'amoureuses flammes*
> *M'a fait trouver belles les femmes :*
> *Elles ne m'ont pas trouvé beau...*
>
> *Suis-je né trop tôt ou trop tard ?*
> *Qu'est-ce que je fais en ce monde ?*
> *O vous tous, ma peine est profonde :*
> *Priez pour le pauvre Gaspard !*

Or ceux-là qui sont nés sous le signe Saturne
Tels les Saturniens doivent souffrir et tels
Mourir...
> *(Poèmes saturniens, 1866.)*

... A cela je ne puis que répondre
Que je suis vraiment né saturnien.
> *(Cellulairement, 1874.)*

Devant une nature *apparemment neutre*, il éprouve une impression vague, mais viscérale, de malaise et d'hostilité, comme s'il se sentait épié ou traqué, et non point accueilli. Même solitude désarmée devant la femme libre, gardienne privilégiée du monde extérieur. Et face à lui-même, face à ce monde intérieur sur lequel il devrait du moins régner, c'est encore la solitude, une incertitude organique. Il lui faut accomplir peu de pas pour parvenir au cœur de cette détresse qui lui est congénitale : il lui suffit de se réfléchir pour s'épouvanter :

> *Cœur vide d'illusions*
> *Et que rongent les dents de rats des passions,*

dit un poème de 1862. La récurrence, parfois même un rabâchage involontaire des thèmes obsessionnels, un carrousel de termes exactement semblables pour les exprimer, attestent suffisamment qu'il ne s'agit pas là d'une attitude : l'artiste sévère qui ne cesse de veiller se serait refusé à ces redites contraires à l'esthétique. Verlaine a voulu et voudrait réagir. Mais il connaît sa faiblesse foncière, et son besoin d'une protection nourrit son angoisse plus qu'il ne la guérit ; il peut, dans un effort essoufflé, se résigner et s'accepter, mais jamais il ne se leurre ; il peut tricher pour se défendre des « autres », mais, au secret en face de lui-même, sa seule arme demeure sa lucidité de témoin enchaîné. De là, dans ses vers, au fil des années, sans autre lien conducteur que cette nécessité psychologique, le retour des mêmes images de roulis, d'un mouvement tyrannique et parfois vertigineux qui ravit l'être et le délivre du souci de penser et de choisir, comme dans l'*Escarpolette* ⋆ des *Romances sans paroles*, mais un mouvement qui plus souvent le suffoque en le désorbitant.

Les titres des poèmes suivis d'un ⋆ renvoient aux anthologies publiées à la fin de chaque chapitre.

Dès les *Poèmes saturniens,* le *Crépuscule du soir mystique* parle du poison complexe de parfums, de souvenir et de crépuscule qui va

> *Noyant mes sens, mon âme et ma raison.*

Plus loin, le torrent cruel qui jaillit de la courtisane Marco, après avoir rompu *les digues de l'âme, Noyait la pensée...*

Cette référence à l'eau, Verlaine semble y venir comme par réflexe quand il veut décrire en images précises ses tentations, ses déceptions intimes. Il faut peu de temps pour que ce thème de l'eau dans l'œuvre poétique se fasse plus exigeant, se joigne à celui du tourbillon toujours entrouvert :

> *Lasse de vivre, ayant peur de mourir, pareille*
> *Au brick perdu jouet du flux et du reflux,*
> *Mon âme pour d'affreux naufrages appareille*

présage la fin d'*Angoisse* dans les *Poèmes saturniens.* Et dans les *Romances sans paroles* revient presque la même image :

> *Par instants je suis le pauvre navire*
> *Qui court démâté parmi la tempête...*

Comme dans *Sagesse* où il se nomme le

> *Naufragé d'un rêve*
> *Qui n'a pas de grève.*

Quand, bien plus tard, un poème extraordinaire, *Limbes,* recueilli dans *Parallèlement,* nous fait assister, avec Verlaine qui s'est comme abstrait de lui-même, au détriplement de sa personnalité : son imagination, sa pensée, son âme seconde, c'est aux jeux d'ailes d'un papillon que sont assimilées les explorations de son esprit : et pourtant, même là, Verlaine ne peut s'empêcher de mêler à ses errances les images marines qui le hantent :

> *Et le papillon fait rage,*
> *Monte et descend, plane et vire :*
> *On dirait dans un naufrage*
> *Des culbutes du navire...*

Si ce thème du naufrage sous toutes ses formes est sans grande originalité dans son principe, la récidive involontaire ou l'acceptation consciente du poète témoignent d'une telle emprise que de telles images poétiques peuvent apparaître dès lors comme des créancières obscures et toutes-puissantes, et une étrange suzeraineté se manifester entre l'œuvre et les tendances profondes qu'elle porte au grand jour. Dans un chapitre des *Confessions* où il parle de ses premiers essais, Verlaine écrit, comme pensant tout haut : *Je faisais aussi d'étranges nouvelles sous-marines à la façon, plutôt, d'Edgar Poe...* Or, Verlaine ne peut se référer qu'au récit des « Histoires extraordinaires » (traduction Baudelaire!) intitulé « Une descente dans le Maelstrom » où, dans *une atmosphère de fatalité totale,* on lit des réflexions qui préfigurent bien les images de Verlaine et semblent même suggérer un alibi au poète pressé d'excuser et d'élucider ses appareillages successifs *vers d'affreux naufrages* par la tyrannie de la planète Saturne sous le signe de laquelle il a découvert qu'il est né : *Nous dérivons à la merci de tous les courants... Nous étions* destinés *au tourbillon du Maelstrom,* et rien ne pouvait nous sauver!... *Je sentis positivement le* désir *d'explorer ses profondeurs...*

Rien d'étonnant à ce que Verlaine ait été marqué par cette union saisissante de l'eau, du tourbillon et de la fatalité. Ces images sont venues adhérer à ses fictions et prêter une existence sensible à des tendances souveraines : la sensualité imaginative, le fatalisme morbide, c'est-à-dire l'attirance et la peur de l'abîme, étroitement unies. L'eau ne figure pas seulement l'unique élément à deux dimensions troublantes : sa profondeur insaisissable signifie à la fois la perdition et le repos. C'est le liquide parfait et, pour un érotique sentimental doublé d'un fataliste aux tendances manichéennes, l'élément suprême, puisqu'il symbolise à la fois le geyser de l'acte sensuel auquel Verlaine n'a cessé de se livrer, et les pleurs de joie de l'âme qui s'y sont mêlés : le ravissement de s'accomplir en se noyant dans la petite mort et cet étouffement cauchemardesque qui suit la défaite de l'être englouti dans son Maelstrom, submergé loin de la terre du Bonheur éternellement promise.

On peut encore comparer avec les strophes des *Romances sans paroles* écrites durant le voyage avec Rimbaud, dont les images antinomiques d'*engouffrement* dans l'eau et d'*Enfer* s'éclairent l'une l'autre :

> *Pour l'engouffrement en priant s'apprête*
> . . . .
> *Se tord dans l'Enfer qu'il a devancé*

avec deux vers :

> *Je suis élu, je suis damné !*
> *Faucon je plane et je meurs cygne !*

du fameux poème érotique *le Bon Disciple* saisi par le juge d'instruction après les amours rimbaldiennes et qui décrit les chocs psychologiques contraires du délire sensuel.

Que Verlaine réussisse à écrire dans une sorte de fiction provisoire du bonheur, comme au long des *Fêtes galantes*, et l'eau perd sa profondeur : ce n'est plus qu'un miroir. Que, sous le coup du miracle rimbaldien, sa ferveur le fasse se sentir au sommet de lui-même, et il se voit marchant *sur* les flots *(Beams*)*. Qu'il cesse de se dédoubler, de mesurer en lui la profondeur redoutable de l' « Autre », et l'eau se retire aussitôt, avec tout ce qu'elle recèle, de l'horizon mental.

C'est que les images liées à la représentation magique de l'eau ne sont pas des images voulues mais assumées : elles comptent parmi les acteurs d'un drame psychosomatique qui n'a encore trouvé nulle résolution. Contre ces images qui l'abandonnent à l'abîme, il est vrai que l'instinct de conservation, parfois, au fort du malheur, suscite des images de même nature, mais inoffensives, presque infantiles, comme l'évocation du berceau. Transfert hasardeux, solution d'infortune, car le refuge est un vœu, non un dû. Tenter de se sauver en détail ? Lutter pied à pied contre le courant ? Au nom de quoi, avec quelles forces en réserve ? Il a déjà essayé. Il essaiera encore, mais

La vie humble aux travaux ennuyeux et faciles
. . . . .
Le temps si long dans la patience si grande

des mérites desquels il voudra plus tard se convaincre à la façon du guérisseur Coué, il sait avec quelle rapidité son âme s'y exténue !

Ce qu'il cherche désespérément, ce sont des recettes immédiates, des adjuvants miraculeux, une chaleur venant de l'extérieur mais qu'il ne trouvera finalement que dans les formules successives de sa vie poétique. Bien avant sa conversion déclarée, autour de sa vingtième année, il s'est rué au confessionnal mais, sur cette âme trop aride, la grâce ne prend pas. Il est plus seul que jamais et se range par force parmi ces *Grotesques* maléfiques et rebelles qu'il dépeint, notant que *la nature à l'homme s'allie* pour châtier *comme il le faut* ces êtres *odieux et ridicules.* Un cumul de déserts, tel aurait été tout son partage si, pour survoler ce monde clos jalonné d'interdits, Verlaine, à force de foi et de lucidité aux abois, n'avait pressenti puis découvert l'invisible quatrième dimension qui coupe toutes les autres : la Poésie, *sa* poésie. Quand il dresse le catalogue de ses fantômes, il constate qu'il a déjà exorcisé l'irrationnel en l'enfermant dans la création, en le dévouant à l'Art. Grâce au principe vital de la Poésie qu'il a entrepris de s'incorporer en alliant à la ferveur romantique et au spiritualisme moderne de Baudelaire la thérapeutique intellectuelle du Parnasse, Verlaine est en train de trouver ce qui lui manque : une réalité supérieure, une homéopathie, un sacerdoce.

Depuis plus d'un quart de siècle, une fois épuisée avec la jeunesse la magie de l'isolement dans l'exceptionnel, les romantiques entendaient prouver la mission glorieuse du poète en se faisant médecins de l'existence. Mais au poète passeur d'étoiles et de fleuves humains cher à Lamartine ; au « mage » de Hugo ; à leur vision du poète inspiré et de sa fonction, une autre image et une autre conception de la poésie tendent à s'opposer, dont un Gautier et surtout un Leconte de Lisle sont les hérauts. Pour eux, la grandeur du poète ne réside pas dans son action sur une foule sans guide et sans fanal, mais au contraire dans la fière indépendance d'une œuvre coupée de la masse qui se dilue et se disperse, et comme immobile au-dessus de la créature qui n'est que de passage. Ce ne sont point les hommes qui cautionnent l'art du créateur, mais l'Art du créateur qui chaque fois justifie *un* homme, le réhabilite, l'immunise.

Verlaine a très naturellement adhéré au Parnasse. Pour ce jeune homme de 19 ans qu'un témoin, A. Racot, nous décrit en 1863 comme « nerveux, heurté, cherchant sa voie », ce groupe actif et neuf dont le journal s'appelle « l'Art » et l'éditeur Lemerre, cette charmante franc-maçonnerie, où l'on s'admire les uns les autres, représentait non seulement un cercle où la réussite serait possible, mais un endroit où se sentir encadré, soutenu sinon adopté. Plus que le désir de percer, un sentiment plus complexe le faisait s'y plaire : les jeunes parnassiens, Louis-Xavier de Ricard, Catulle Mendès, Villiers de l'Isle-Adam, Mérat, Coppée, n'étaient pas seulement pour lui, à divers titres, des poètes alliés, mais des « copains » dont Verlaine a eu d'autant plus besoin qu'il se sentait plus renfermé, qu'il attendait davantage des autres qu'ils vinssent briser le cercle dont lui-même se savait prisonnier.

La « pièce Cent-sous »

Plus que les idées qu'ils colportaient, leurs attitudes devant la vie et le siècle correspondaient à celles dont la génération précédente avait déjà vécu dans sa colère contre le régime louis-philippard : exécration de la Bêtise « aux yeux ronds » propre aux Philistins ; mépris de la foule laide et de la « pièce Cent-sous » son idole ; enfin la haine d'intellectuels honnêtes contre l'Empire matérialiste et l'adhésion d'office à une République athénienne aussi parfaite qu'irréelle... Tous ces sentiments hérités du romantisme, beaucoup, et Verlaine le premier, se reprochaient de n'y avoir pas été assez tenacement fidèles. Catulle Mendès l'a attesté ; Lepelletier, condisciple et ami de Verlaine, l'affirme sans réserves : ces Jeunes-France du Parnasse « étaient de véritables néo-romantiques. Avec cela, passionnés pour l'art, convaincus d'une sorte de mission rénovatrice, entendant des voix mystérieuses comme Jehanne... Ils étaient prêts à combattre et à vaincre, pour délivrer l'Art et le rétablir, le sacrer sur son trône reconquis, pas à Reims, par exemple, mais à Paris ».

Caricature de Péaron pour la sortie des « Poèmes saturniens », 1867.

Verlaine lui-même, romantique de cœur s'il est parnassien par la conscience créatrice, et symboliste d'âme avant le symbolisme officiel, croit-on qu'il aurait pu se sentir pleinement à l'aise dans ce cénacle s'il n'avait pas vu dans le Parnasse (il le redira plus tard à chaque conférence sur la Poésie contemporaine) *le renouveau du romantisme, un romantisme en avant* ? Certes, partageant le culte de Leconte de Lisle pour la Beauté pure, il adhérait également aux condamnations portées contre la vaticination sentimentale, le culte pythiaque de l'inspiration gratuite, le débraillé du vers : pas seulement à peine d'excommunication, mais parce que ces idées correspondaient en lui à une nécessité, qu'elles étaient un aliment vital contre ses propres carences. Quand, après avoir déjà exprimé la même opinion dans un article, il s'écrie, hachant et scandant le vers avec une conviction agressive :

> *Pauvres gens ! l'Art n'est pas d'éparpiller son âme :*
> *Est-elle en marbre, ou non, la Vénus de Milo ?*

il est parfaitement sincère. A la fin de sa vie, dans la conférence plusieurs fois répétée où il traitait de son évolution, il ne manquait pas d'ajouter à cette citation : *Épilogue que je fus quelque temps encore à considérer comme la crème de l'esthétique...*

Le Verlaine des débuts a d'autant plus besoin de croire à la vertu de la concentration qu'il en est moins capable et qu'il n'entrevoit aucune autre solution. Célébrer conjointement comme un idéal de gloire le froid rayonnement de la beauté féminine le soulage d'autant mieux que le frémissement journalier de cette beauté se communique à lui avec plus de douloureuse inanité.

Il manquait cependant à un jeune homme comme Verlaine quelqu'un qui incarnât cette grandeur unie à cette faiblesse temporelle de poète-martyr, à la fois Lazare de ses vices et Christ du quotidien dont il essuie les crachats ; cet intercesseur fraternel, ce flambeau toujours revivant dans les brumes de la désolation, ce sera, pour Verlaine, Baudelaire.

Sur les principes généraux qui doivent régir l'Art et le travail de création, Leconte de Lisle et Baudelaire se trouvaient d'ailleurs d'accord sans s'être concertés : même divorce entre l'action et le rêve, entre le poète et ses tristes contemporains ; même amour exclusif de l'Idéal et même culte de la seule Beauté. Méprisant les cadeaux hétéroclites de l'inspiration, tous deux recommandaient la concentration de l'esprit pour parvenir à une espèce de mathématique de la ferveur. Verlaine n'a pas eu à faire entre eux de choix dirimant. Dès son premier article de critique, à propos du livre de Barbey d'Aurevilly intitulé « les Poètes », il saisit l'occasion de rappeler que le poète doit être à la fois un contemplateur et un logicien : c'est pour en faire compliment à Leconte de Lisle et à Baudelaire ensemble. Quand, au cours de ses *Confessions,*

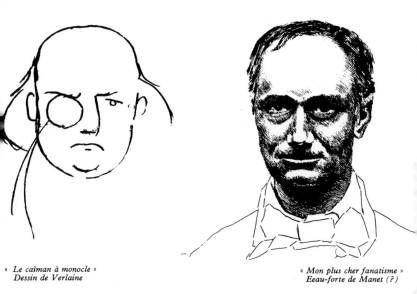

« *Le caïman à monocle* »
Dessin de Verlaine

« *Mon plus cher fanatisme* »
Eeau-forte de Manet (?)

il évoque ses *Poèmes saturniens* avec un subtil détachement, il les qualifie de *Leconte de Lisle à ma manière agrémenté de Baudelaire de ma façon*. S'il a su lire avec pénétration les « Poèmes antiques » et les « Poèmes barbares », il y aura peut-être discerné la tendance au contrepoint admirablement réalisé dans « les Fleurs du mal » ; il aura fait son profit de cette science à constituer des « séries », mais avec l'art de les disjoindre quand l'émotion risque de se prolonger, d'apparaître trop voyante, au détriment de l'esthétique.

En revanche, sur des problèmes non plus doctrinaux mais vitaux pour Verlaine, un Leconte de Lisle se tait ou n'apporte que des solutions inviables. A l'égard des anciens Dieux que s'applique à chanter ou maudire le Maître, Verlaine a claire-ment exprimé sa méfiance dans un sonnet demeuré alors confidentiel, *les Dieux* :

> *Du Coran, des Védas et du Deutéronome,*
> *De tous les dogmes, pleins de rage, tous les dieux*
> *Sont sortis en campagne : Alerte ! et veillons mieux.*

Et personne n'est plus opposé à Verlaine, musicien dans l'âme, attaché aux humbles et chaudes intimités du moment où il vit, aimant comme une symphonie nouvelle le romantisme moderne de son Paris, qu'un Leconte de Lisle qui exècre la musique, vomit l'époque contemporaine et *semble* l'initié impassible d'une philosophie parée de qualités décourageantes pour quelqu'un comme Verlaine qui ne peut que les admirer à distance, en vitrine...

Combien Baudelaire s'avère plus proche! Il n'est plus un panache, mais un palladium. Dans « les Fleurs du mal », Verlaine n'avait d'abord vu qu'un livre érotique, aussi déconcertant que séduisant. Puis, il le rapporte dans ses *Confessions*, l'influence baudelairienne n'avait fait que *grandir, et alors s'élucider, se logifier avec le temps.* A vingt et un ans, en plein dans la crise dont les *Poèmes saturniens* sont la résolution, il consacre une étude à Baudelaire où l'analyse critique de l'homme moderne, avec son *esprit douloureusement subtil, son cerveau saturé de tabac, son sang brûlé d'alcool, son individualité de sensitive,* va jusqu'au mimétisme. En 1892 encore, malgré le catholicisme étroit qu'il affiche alors, Verlaine ne peut se retenir de confier : *Baudelaire fut mon plus cher fanatisme.*

Frère de misère, Baudelaire ne cache pas sa faiblesse mais démontre comment s'entraident la faiblesse et la grandeur; nostalgique de l'éternel qui confectionne son œuvre avec les matériaux de son époque, il finit presque toujours par trouver la meilleure équation poétique des pires imperfections humaines. Apôtre des « correspondances » entre les sensations, mais aussi entre le visible et l'invisible, il rend à l'univers confus et hostile une unité dont le mystère est une récompense pour le poète à la fois lucide et pieux : pour avoir requis le créateur de ne jamais oublier que l'aspiration à la Beauté est une communion mystique, Baudelaire encouragera indirectement l'incroyant qu'est alors devenu Verlaine à faire servir au ravissement poétique, dans son extraordinaire *Crépuscule du soir mystique*, les exercices d'acheminement à l'extase décrits par sainte Thérèse d'Avila.

Ainsi Verlaine, chez qui cependant la nature, au lieu de provoquer l'abandon, polarise l'angoisse et l'amertume, concevra de transposer les paysages de bois taciturnes, de saulaies, d'eaux mortes, qu'il parcourt durant ses vacances ; de leur conférer une réalité nouvelle dont le secret désormais n'appartient plus qu'à lui, et non à ce qu'il regarde et dépeint. Il peut se sentir, sinon en symbiose avec les choses, du moins en sécurité devant elles : en les décrivant, il les a emprisonnées, et en nommant ses fantômes, il peut se persuader de les avoir désarmés.

Que l'on compare, par exemple, l'anathème hargneux jeté à l'automne, en 1862, dans *Un soir d'octobre* :

> *L'automne et le soleil couchant ! Je suis heureux !*
> *Du sang sur de la pourriture !*
> *L'incendie au zénith ! La mort dans la nature !*
> *L'eau stagnante, l'homme fiévreux !...*

et l'évocation de l'automne dans les poèmes complémentaires, emplis pourtant d'un tel désespoir en sourdine, *Nevermore** et *Chanson d'automne** :

> *Souvenir, souvenir, que me veux-tu ? L'automne*
> *Faisait voler la grive à travers l'air atone...*

> *Les sanglots longs*
> *Des violons*
> *De l'automne...*

La cruauté est devenue musique, la musique du cœur, un avertissement de l'âme.

Si l'art fournit une clef à des problèmes cruciaux, il ne les supprime pas pour autant. Selon l'esprit dans lequel on lit les « suites » des *Poèmes saturniens*, et particulièrement *Melancholia* et *Paysages tristes*, on peut admirer l'enchaînement des thèmes qui se rompent au bord de l'excès de pathétique, et l'art de dire volontairement trop peu ; mais on peut aussi être frappé par l'intensité du désespoir qu'irradient cette série de poèmes comme autant de petits soleils noirs. C'est que l'amour, par la confiance qu'il reçoit et qu'il confère, est le viatique du grand voyage entre la réalité et sa re-création : « les Fleurs du mal », elles-mêmes ne se concevraient pas sans « le Flambeau vivant », et Verlaine l'a connu, puis perdu.

Elle s'appelait Elisa Moncomble. Cousine de Verlaine, intime amie d'enfance, sœur d'élection prédestinée au rôle d'amante, elle avait fait un mariage de convenance avec un riche betteravier surtout préoccupé de ses affaires. Invité plusieurs fois à passer ses vacances à Lécluse, près d'Arras, où elle habitait, Verlaine, durant plusieurs étés ou automnes, avait fait en sa compagnie des promenades. Pour elle seule, il n'était ni laid ni timide. Il lui confie ses angoisses qu'elle calme, ses rêves qu'elle exalte. Elle le chérit, le « comprend », croit en son génie, veut en donner une preuve en insistant pour lui offrir les frais d'impression des futurs *Poèmes saturniens*, même si de son côté Mme Verlaine mère est riche et ne refuse jamais rien à son Paul. Dans le concert pressant des derniers beaux jours, tous deux parcourent sans crainte les bois, fréquentent les auberges où l'on peut bavarder, rire, rêver, s'isoler. Le poète amoureux évoque ensuite leurs itinéraires, trace une secrète carte du Tendre sans s'aviser qu'elle ne s'inscrit que dans les feuilles mortes.

C'est le bonheur. C'était, jour après jour, Armide et Béatrice. Soudain, ce *fut* Armide et Béatrice. Elle s'est reprise, on l'a reprise. L'amour n'est plus qu'affection de sa part. Revoilà Verlaine « orphelin ». La peur renaît dans les bois, le maléfice sur les marais au long desquels, maudit, exilé, il va *promenant sa plaie.*

> *Le Bonheur a marché côte à côte avec moi ;*
> *Mais la FATALITÉ ne connaît point de trêve :*
> *Le ver est dans le fruit, le réveil dans le rêve,*
> *Et le remords est dans l'amour : telle est la loi...*

A l'automne de 1866, Elisa, dont la santé est frêle, accouchera difficilement d'une seconde petite fille et Verlaine prend part de tout son cœur aux inquiétudes comme aux vœux de rétablissement. En novembre, elle verra paraître les *Poèmes saturniens*. A peine trois mois plus tard, comme elle chantait à table, en famille, celle qui fut « le rossignol » mystique des poèmes pousse un cri terrible et s'effondre dans une syncope.

Elle meurt quelques heures après. Elle a un peu plus de trente ans. Peu de mois auparavant, l'oiseau-prophète des *Poèmes* avait déjà chanté

> *... la voix, – ô si languissante*
> *De l'Oiseau que fut mon premier amour...*

Prévenu par télégramme à Paris où il a été successivement employé d'une compagnie d'assurances et expéditionnaire à la Ville de Paris, Verlaine arrive trop tard pour la revoir. A sa descente de train, sans voiture qui l'attende, il doit faire douze kilomètres à pied dans la tempête avant d'arriver au son du glas commençant. De ce nouveau *jamais plus*, il gardera un souvenir si tenace qu'il donne comme un de ses rêves récurrents le songe suivant qu'il ne s'explique pas à lui-même : *La cause de ma hâte est un enterrement que je suis, en compagnie de mon père, mort lui-même depuis longtemps, et que mes rêves représentent presque constamment. Je me serai sans doute arrêté à quelque achat de couronnes et de fleurs, car je ne vois plus le corbillard qui a dû tourner au haut de la rue dans une étroite avenue qui coupe à droite. A droite, et non à gauche...* C'est qu'à Lécluse, en montant la rue, c'est à droite que tourne soudain le raidillon qui mène au cimetière où est enterrée Élisa-Léocadie Moncomble, épouse Dujardin.

Au nom de quel rêve, Verlaine, dans ses *Mémoires d'un veuf*, a-t-il expressément placé, sous le titre *Ma fille*, le portrait d'une petite fille qui *n'a jamais existé*, entre un hymne à la vie renaissante de celle qu'il aima, et son *in memoriam* qui se termine par l'évocation de deux fillettes ? Quelle signification donner à la tentation tragique décrite dans la nouvelle *le Poteau* ? Dans le désespoir qui succède à cet amour d'une qualité unique, à cette union exigeante et condamnée, tout semble devoir demeurer brouillé par le demi-jour de l'âme où cet amour se refléta, puis s'engloutit, troublant mais animant son eau morne d'images et de sortilèges qui eux ne se perdront plus. Car si c'est l'honneur du génie de créer mieux que l'on vit, c'est bien l'honneur d'aimer qui avait guidé Verlaine vers les premières de ses terres inconnues. Une magicienne est morte : que lui survive la magie...

Mais comment, les amarres rompues par la mort d'avec cette île unique, retrouver d'autres îles magiques où l'on puisse continuer à *vivre* heureux, de l'autre côté de la vie ? En proie à l'idée fixe de cette disparition, à la douleur dévastatrice qu'elle lui donne à éprouver, Verlaine veut à la fois s'anesthésier et revivre à sa guise l'impossible ; il s'évade en hâte dans une ivresse systématique, un monde sans espace ni temps :

> *Bois pour oublier !*
> *L'eau-de-vie est une*
> *Qui porte la lune*
> *Dans son tablier...*

un monde où tout est enfin réconcilié, où l'on peut rêver sans crainte d'être démenti ni chassé. Paradis abyssal où l'homme épuisé se laisse couler, à la sortie duquel il va se réveiller un jour, dans une hallucination organisée, sur l'autre rive de sa poésie : celle où, *grâce au sujet*, une fois sautés les murs du temps, une « fête galante » signifie apparemment une délivrance sans remords, un rêve sans réveil...

DEUX POÈMES DE JEUNESSE

Torquato Tasso

Le poète est un fou perdu dans l'aventure,
Qui rêve sans repos de combats anciens,
De fabuleux exploits sans nombre qu'il fait siens,
Puis chante pour soi-même et la race future.

Plus tard, indifférent aux soucis qu'il endure,
Pauvreté, gloire lente, ennuis élyséens,
Il se prend en les lacs d'amours praticiens,
Et son prénom est comme une arrhe de torture.

Mais son nom, c'est bonheur! Ah! qu'il souffre et jouit,
Extasié le jour, halluciné la nuit
Ou réciproquement, jusqu'à ce qu'il en meure!

Armide, Éléonore, ô songe, ô vérité!
Et voici qu'il est fou pour en mourir sur l'heure
Et pour ressusciter dans l'immortalité!

(1863)

L'Enterrement *

Je ne sais rien de gai comme un enterrement!
Le fossoyeur qui chante et sa pioche qui brille,
La cloche, au loin, dans l'air, lançant son svelte trille,
Le prêtre, en blanc surplis, qui prie allégrement,

L'enfant de chœur avec sa voix fraîche de fille,
Et quand, au fond du trou, bien chaud, douillettement,
S'installe le cercueil, le mol éboulement
De la terre, édredon du défunt, heureux drille,

Tout cela me paraît charmant, en vérité!
Et puis, tout rondelets sous leur frac écourté,
Les croque-morts au nez rougi par les pourboires,

Et puis les beaux discours concis, mais pleins de sens,
Et puis, cœurs élargis, fronts où flotte une gloire,
      Les héritiers resplendissants!

(1864?)

* Je ne serais pas étonné que ce poème fût une « transposition », libre mais délibérée,
du fameux tableau de Courbet, « Un enterrement à Ornans ». Verlaine, sous la double
influence du romantisme et de Baudelaire, aimait les « transpositions d'art » auxquelles
il s'adonnera dans les *Poèmes saturniens* et dont certaines applications concourent au
charme comme au malaise des *Fêtes galantes*.

Esquisse pour « Un enterrement à Ornans ». (Musée de Besançon). ▲

POÈMES SATURNIENS

Nevermore

Souvenir, souvenir, que me veux-tu ? L'automne
Faisait voler la grive à travers l'air atone,
Et le soleil dardait un rayon monotone
Sur le bois jaunissant où la bise détone.

Nous étions seul à seule et marchions en rêvant,
Elle et moi, les cheveux et la pensée au vent.
Soudain, tournant vers moi son regard émouvant :
« Quel fut ton plus beau jour ? » fit sa voix d'or vivant,

Sa voix douce et sonore, au frais timbre angélique.
Un sourire discret lui donna la réplique,
Et je baisai sa main blanche, dévotement.

— Ah ! les premières fleurs, qu'elles sont parfumées !
Et qu'il bruit avec un murmure charmant
Le premier *oui* qui sort de lèvres bien-aimées !

(Pour ces extraits, nous respectons bien entendu l'ordre du recueil, et par conséquent
les dissonances voulues dans l'orchestration des différents thèmes.)

Mon rêve familier

Je fais souvent ce rêve étrange et pénétrant
D'une femme inconnue, et que j'aime, et qui m'aime
Et qui n'est, chaque fois, ni tout à fait la même
Ni tout à fait une autre, et m'aime et me comprend.

Car elle me comprend, et mon cœur, transparent
Pour elle seule, hélas ! cesse d'être un problème
Pour elle seule, et les moiteurs de mon front blême,
Elle seule les sait rafraîchir, en pleurant.

Est-elle brune, blonde ou rousse ? – Je l'ignore.
Son nom ? Je me souviens qu'il est doux et sonore
Comme ceux des aimées que la Vie exila.

Son regard est pareil au regard des statues,
Et, pour sa voix, lointaine, et calme, et grave, elle a
L'inflexion des voix chères qui se sont tues.

Crépuscule du soir mystique

Le Souvenir avec le Crépuscule
Rougeoie et tremble à l'ardent horizon
De l'Espérance en flamme qui recule
Et s'agrandit ainsi qu'une cloison
Mystérieuse où mainte floraison
– Dahlia, lys, tulipe et renoncule –
S'élance autour d'un treillis, et circule
Parmi la maladive exhalaison
De parfums lourds et chauds, dont le poison
– Dahlia, lys, tulipe et renoncule –
Noyant mes sens, mon âme et ma raison,
Mêle dans une immense pâmoison
Le Souvenir avec le Crépuscule.

Les sanglots longs
des violons
de l'Automne,
bercent mon cœur
d'une langueur
monotone

P. V.

Chanson d'automne

Les sanglots longs
Des violons
  De l'automne
Blessent mon cœur
D'une langueur
  Monotone.

Tout suffocant
Et blême, quand
  Sonne l'heure,
Je me souviens
Des jours anciens
  Et je pleure.

Et je m'en vais
Au vent mauvais
  Qui m'emporte,
Deçà, delà,
Pareil à la
  Feuille morte.

Le Rossignol

Comme un vol criard d'oiseaux en émoi,
Tous mes souvenirs s'abattent sur moi,
S'abattent parmi le feuillage jaune
De mon cœur mirant son tronc plié d'aune
Au tain violet de l'eau des Regrets
Qui mélancoliquement coule auprès,
S'abattent, et puis la rumeur mauvaise
Qu'une brise moite en montant apaise,
S'éteint par degrés dans l'arbre, si bien
Qu'au bout d'un instant on n'entend plus rien,
Plus rien que la voix célébrant l'Absente,
Plus rien que la voix – ô si languissante! –
De l'oiseau qui fut mon Premier Amour,
Et qui chante encor comme au premier jour ;
Et, dans la splendeur triste d'une lune
Se levant blafarde et solennelle, une
Nuit mélancolique et lourde d'été,
Pleine de silence et d'obscurité,
Berce sur l'azur qu'un vent doux effleure
L'arbre qui frissonne et l'oiseau qui pleure.

Lithographie de Cazals.
Épreuve inédite avec variante.

DE L'AUTRE CÔTÉ DU MIROIR ?...

uand, après les *Poèmes saturniens*, l'on débouche soudain sur les jardins enchantés des premières *Fêtes galantes*, où
l'on respire ensemble le frisson des musiques dans la pénombre et les faibles embruns des jets d'eau, on a l'impression d'un
instrument qui a changé de *clef*, d'un tout autre pays où
l'on baigne d'emblée dans un air différent. Là, dans une nuit
claire de conte de fées, des elfes en costumes Régence s'amu-
sent à goûter au temps humain, à jouer au rêve de l'amour.
A celui qui se répète que *le ver est dans le fruit, le réveil dans
le rêve*, ces créatures proposent leurs *cœurs tendres mais
affranchis du serment*, dédient des corps languides dont
pourtant *le courage est grand* dans l'amour, tandis que leur
étreinte communique *une exquise fièvre*, mais sans péril.
Plus de *raison* lancinante et vaine : le parfum de la voix aimée,
le murmure embaumé des roses, le conseil câlin du vent qui
passe ne parlent que d'oubli et de bonheur éternel dans
l'instant même. Les expressions qui hantaient les *Poèmes
saturniens* étaient de malaise et de menace : le mot qui frappe
et revient ici dans les deux premiers textes est *extase*. Va-t-on
s'aviser qu'à peine plus de trois mois se sont écoulés entre
ces deux états d'âme, et l'on a la conviction confuse d'une
annonciation nouvelle, d'un nouvel élan de rédemption. Qu'à

tre la « Nuit du Walpurgis » et les « Fêtes galantes ».
ête champêtre » de Monticelli, l'un des peintres préférés de Verlaine.
Musée des Beaux-Arts de Montréal).

la vérité un pauvre emmuré dans l'existence quotidienne où il est astreint à résidence, las de *mirer* fixement (l'expression lui est familière) sa disgrâce saturnienne dans chacun de ces miroirs que Mallarmé a nommés comme à son intention « eau froide par l'ennui dans son cadre gelée », tente finalement de traverser le miroir pour retrouver une vie respirable, transformé en un Autre par des créatures de rêve qui aiment sans trêve et sans condition, – on pourrait s'étonner qu'il n'ait pas essayé plus tôt!

Mais qui nous dit que ce n'est pas d'abord pour avoir été victime naguère d'un mauvais succès qu'il a transformé finalement une formule vénéneuse en formule bénéfique ? Quand on lit quel paysage harmonieux nous propose la *Nuit du Walpurgis classique* des *Poèmes saturniens* :

> *... Et voici qu'à l'appel des cors*
> *S'entrelacent soudain des formes toutes blanches,*
> *Diaphanes, et que le clair de lune fait*
> *Opalines parmi l'ombre verte des branches,*
> *– Un Watteau rêvé par Raffet ! –*

c'est le même décor, jurerait-on, que dans les *Fêtes galantes*. Mais en apparence seulement, car c'est en vain qu'on voudrait goûter ou espérer autre chose que l'appel sinistre des cors, menant ces lémures comme le joueur de flûte de Hameln entraînait pêle-mêle dans l'abîme les rats et les hommes. Des rosiers ? Mais ils ne sentent pas. Les choses amies, médusées, se retiennent de respirer. Une danse, mais de forçats. Watteau est présent, mais rêvé par le Raffet qui a évoqué la lugubre revue nocturne des fantômes de la Grande Armée.

Quelle différence avec « Clair de lune »! Au cor, de maléfique augure depuis l' « Obéron » de Weber, « Hernani » et le poème de Vigny, succèdent luth et mandoline ; à la lune blafarde, une lune tendre et complice ; aux spectres, des ludions sans pesanteur. Passés de la féerie manichéenne, qui travaille les plus intimes des *Poèmes saturniens*, à la féerie concertante qui anime les *Fêtes galantes*, nous ressentons – dussions-nous déchanter – l'impression d'une bataille livrée, d'une victoire psychologique remportée par l'intermédiaire de la poésie. Cette victoire, ou cette trêve, quelles forces nouvellement utilisées l'ont rendue possible ?

Certes, la porte de l'*inspiration* première est comme celle du bonheur : on ne peut la pousser, c'est d'en dedans qu'elle s'ouvre soudain – ou jamais. On peut supposer que, dans l'espèce de *sas* mystérieux qui existe entre le monde intérieur et le monde extérieur, se prépare peu à peu une rupture d'équilibre propice : une baisse de tension favorise une surpression du dehors ; un violent appel s'établit entre l'âme et la visitation de derrière l'horizon qu'elle attendait sans la connaître... Si nous connaissons les aspirations vitales du poète, si nous avons découvert les matériaux de rêves qui étaient à la disposition de son monde intérieur, nous avons quelque chance de savoir pourquoi l'auteur a communié avec des thèmes nouveaux, et quelle part de son être il combat ou il rejoint à l'aide de ces images verbales vivantes qui sont des messagères déguisées porteuses d'ordres contradictoires...

Ne comptons pas trop sur Verlaine lui-même pour nous renseigner : c'est avec une pudeur ironique qu'il réclame à son ami Lepelletier le compte rendu promis sur les *Fêtes galantes* qualifiées, sans un mot de plus, de « *charminte* fantaisie » ! Il faudra attendre les conférences prononcées en 1893 en Belgique pour entrevoir ce que Verlaine, un quart de siècle plus tard, pensait peut-être de son œuvre. Il déclarera alors que, dès les *Poèmes saturniens*, il *jetait parfois, ou plutôt soulevait le masque*, et que certains vers *témoignaient dès lors d'une certaine pente à une mélancolie tour à tour sensuelle et rêveusement mystique que vinrent, deux ans environ après, costumés en personnages de la comédie italienne et de féeries à la Watteau, confirmer les vers des* Fêtes galantes.

La mélancolie congénitale, diffuse à travers la joie revendiquée, et le *nescio quid amarum* propre à la sensualité imaginative, – nous nous en doutions un peu. Cependant, le recueil à son orée lutte de tous ses feux d'artifice contre toute ombre et tout déclin. Et *quel* Watteau s'est offert à l'imagination de *quel* Verlaine ? Si féerie il y eut, par quelles intercessions cette féerie réussit-elle, alors qu'elle avait jusqu'alors échoué ? Pourquoi encore, ayant merveilleusement éclos, cette fête d'abord si harmonieuse s'est-elle vite désagrégée sous l'effet de mornes maléfices et dans la solitude éternelle de ceux qui s'aimaient ?

Disons pour simplifier que les *Fêtes galantes* sont nées sous trois incitations principales : une symbolique de Watteau, à laquelle des poètes admirés ont concouru sans le vouloir et sans le savoir ; une certaine métaphysique de l'ivresse qui a permis le principe du songe éveillé ; une expérience de la bohème galante *moderne* qui a aidé techniquement au voyage psychologique jusqu'au lointain pays-fée des fêtes de Watteau.

C'est sous l'invocation formelle de Watteau, et dans l'orbite de son école, que Verlaine a aussitôt placé le premier poème du recueil. Quel secours, quel philtre ce nom représentait-il alors, et quelle machinerie magique pouvait-il déclencher ? Le poudroiement de plus d'un siècle ayant lentement créé le mirage, on conçoit qu'à l'aube du machinisme autoritaire, l'« âge d'or » de Watteau représentait pour les derniers romantiques à peu près ce que l'« âge d'or » du romantisme peut signifier aujourd'hui pour ceux qui sentent le froid les envahir à l'aube de la belle époque des robots, cerveaux électroniques et cités-dortoirs. Au temps d'Haussmann, s'embarquer en pensée pour Cythère, c'était rejoindre, au-delà d'un vague érotisme, la paix du rêve et l'élégance du cœur. La nostalgie de l'univers de Watteau s'avivait d'autant plus qu'après un long discrédit, ses œuvres peintes étaient alors plus rares dans les musées, et les entrevisions de son petit monde clos réduites à quelques gravures, à des scènes « d'après Watteau » qui en accentuaient le caractère merveilleux et irréel : Verlaine en sait quelque chose, qui meublera parfois son rêve en s'exerçant aux « transpositions d'arts » d'après un très rare recueil de gravures dont certaines légendes parlaient de « roman », de « réincarnation » et de « paradis »...

Il faut des paradis ; mais il faut surtout qu'ils soient perdus, afin que beaucoup d'êtres se donnent le plaisir de les regretter,

« Le soir tombait, un soir équivoque d'automne...
Watteau, « l'Assemblée dans un parc »

et quelques-uns la consolation de les réinventer. Cette vérité du cœur, le poète et romancier Arsène Houssaye, ami de Gautier et de Nerval, qui vécut la magie de l'amour romantique autant qu'il la décrivit, l'avait découverte et appliquée à Watteau bien avant les frères Goncourt communément invoqués, lui qui, dès 1841, publiait une étude sur Watteau et Lancret, peintres d' « Eldorados » ; lui encore qui, en 1850, dix ans avant les Goncourt, proposait le mot clef de *paradis* : « Sous la Régence, dans le paradis de Watteau, je m'appelais Adam, et vous vous appeliez Ève... » ; lui enfin qui, dès 1848, avait rappelé que cet enchanteur était par excellence le maître des fêtes galantes. Houssaye était d'ailleurs le directeur de la revue « l'Artiste » à laquelle Verlaine enverra, entre autres, la suite de ses propres *Fêtes galantes*.

Plusieurs des écrivains admirés par Verlaine : Gautier, Hugo, Banville, Baudelaire, Glatigny, étaient eux aussi partis un jour de ferveur à la recherche de l'oiseau-fée, de ce songe d'une nuit de printemps où ils espéraient rafraîchir leur âme. Avec son sens aigu des correspondances spirituelles, Baudelaire notait dès son Salon de 1846 que cet univers « représente le besoin naturel du merveilleux » ; et il ira jusqu'à projeter à ce propos, dans son poème « Paysage », l'application d'une certaine mathématique de l'émotion : observations propres à charmer Verlaine qui cherche par-dessus tout, dans le Watteau dont il s'empare, les principes nécessaires à sa nécromancie passionnelle. *Son* Watteau est d'abord un préromantique. Prince des élégances et des délivrances sentimentales, il est plus encore ce passeur souverain entre l'existence morne et la *vie* féerique qui attend, sur l'autre bord...

Sans doute, la dilection soudaine d'un Verlaine récemment dogmatique pour ce petit monde léger, remuant et ambigu, qui ressemble tantôt au rêve, tantôt à une comédie de rêve, a de quoi surprendre. Quoi ! l'admirateur péremptoire du marbre et de sa symbolique a choisi la compagnie de ces sylphes et de ces sylphides futiles, tout occupés à éparpiller dans chaque instant leur âme mineure ? Mais, à y réfléchir, quelle autre solution alors que de changer d'esthétique et de costume, pour gagner peut-être l'amour fou, l'amour souriant qui seul a cours chez le petit monde de l'autre rive ? Dussent les masques s'y métamorphoser un jour en spectres, le pari valait la peine qu'on jouât, car c'était l'*accueil* du bonheur immédiat qui en était l'enjeu, et le bonheur, là-bas, n'avait pas de prix : sans esclavage et sans problèmes.

Il fallait trouver à la fois un nouveau refuge et une méthode pour y accéder. Tout réconfort s'étant retiré du monde actuel et de la nature avec la disparition de l'être aimé qui leur conférait une réalité amie, dans le domaine spirituel, le sol s'était comme éboulé subitement. Une seule passerelle, provisoire mais disponible sur-le-champ, entre ce monde invivable et *un* « autre monde » : l'ivresse. L'ivresse docile, secourable, transfiguratrice. Baudelaire ne l'a-t-il pas écrit : « Il faut toujours être ivre. Tout est là : c'est l'unique question. Pour ne pas sentir l'horrible fardeau du Temps qui brise vos épaules et vous penche vers la terre, il faut vous enivrer sans trêve. Mais de quoi ? De vin, de poésie ou de vertu, à votre guise. Mais enivrez-vous. »

A défaut d'une vertu leurrée, d'une poésie pour le moment tarie, l'absinthe, plus agissante magicienne que le vin, favorise un instant l'indispensable évasion, les haltes en quelque oasis où retrouver les rêves interrompus, les amours mortes. Un instant seulement, jusqu'à ce que revienne la réalité avec son goût de nausée.

Que faire pour perpétuer ce rêve, désarmer l'ivresse du mal de la vivre ? Ses anciennes barrières esthétiques ébranlées, ses garde-fous sentimentaux effondrés, Verlaine se pénètre de la conviction que l'ivresse peut ouvrir sur un monde quasi surnaturel : un monde qu'il décrira dans *Amoureuse du diable*, quand il en aura codifié les équivalences poétiques et les pouvoirs d'initiation :

> *Ah ! si je bois, c'est pour me soûler, non pour boire.*
> *Être soûl, vous ne savez pas quelle victoire*
> *C'est qu'on remporte sur la vie, et quel don c'est !*
> *On oublie, on revoit, on ignore et l'on sait ;*
> *C'est des mystères pleins d'aperçus, c'est du rêve*
> *Qui n'a jamais eu de naissance et ne s'achève*
> *Pas, et ne se meut pas dans l'essence d'ici ;*
> *C'est une espèce d'autre vie en raccourci...*

Ce phénomène de dérive soudaine où le monde se transforme en kaléidoscope, Verlaine en avait déjà eu l'intuition dans le *Crépuscule du soir mystique** où il évoque une *immense pâmoison* qui déhale tout son être vers des visions nouvelles, libératrices. Mais la fusée brasille et s'éteint avant de prendre, de même que, dans la *Nuit du Walpurgis*, le rêve est reconstitué mécaniquement mais sans son pouvoir magique de libération.

En pleine conception des *Fêtes galantes*, un poème intitulé, lui aussi, *Allégorie* nous fait au contraire participer au premier stade de cet autohypnotisme où le monde se désintègre pour se recréer ailleurs et autrement :

> *... L'homme dort loin du travail quitté.*
> *... Une rotation incessante de moires*
> *Lumineuses étend ses flux et ses reflux.*
> *Des guêpes, çà et là, volent, jaunes et noires.*

Et la liaison devient évidente quand on compare ce poème et un autre, *Kaléidoscope** *, où Verlaine, quelques années plus tard, raconte cette fois comment il a percé jusqu'à l'autre côté du monde mental. Verlaine s'y réfère tout naturellement à la même image et ne fait que reprendre jusqu'à *la ville magique* l'expérience de voyage entrevue par le « sujet » cinq ans auparavant :

> *Ce sera comme quand on rêve et qu'on s'éveille*
> *... L'été, dans l'herbe, au bruit moiré d'un vol d'abeille.*
> *... Ce sera comme quand on a déjà vécu :*
> *... Un lent réveil...*

A travers leur jeu tout ensemble surréaliste et d'un réalisme rêveur, dans des clairières qui sont à la fois des paysages et une projection de l'âme ; par le kaléidoscope des mouvements et des paroles ; dans la gravitation des personnages, le ballet des heures, la complicité des saisons, l'accélération du temps jusqu'à l'hallali, – *les fêtes galantes* représentent à leur manière, sinon déjà l'effraction vers la Ville de rêve, du moins l'entrée en catimini dans un monde imaginaire où le créateur pourra bientôt se confondre dans ses propres fêtes.

Une expérience que fit alors Verlaine l'aida fort opportunément à mener à bien cette navette entre un monde et l'autre : la fréquentation, en 1867-1868, d'un monde fantastique et bohème, animé par une femme pour qui ne comptait aucune convention : le « salon » de Nina de Villard, évoqué plus tard par Catulle Mendès dans son roman à clefs « la Maison de la vieille » et par l'écrivain anglais George Moore dans ses « Souvenirs de ma vie morte ». Cette plongée dans un milieu délicieusement fou, où l'inattendu était la règle, eut lieu juste après le deuil sentimental de Verlaine : c'est lui-même qui nous le dit dans ses *Confessions* : *De vagues beautés m'enchaînaient souvent de liens de fleurs, ou je passais des heures et des heures dans cette « maison de la vieille » dépeinte si magistralement par Mendès.*

Nina, créature éclectique et fantasque, vite séparée de son mari, le comte de Callias, amie de tous ceux qui incarnaient

Nina de Villard fut-elle
« la Femme à l'éventail » de Manet ?

la poésie, avait été ou devait être la maîtresse de Charles Cros, Catulle Mendès, Villiers de l'Isle-Adam, etc. Elle vivait avec naturel et réalisme dans un monde surréaliste de flirts cérébraux, d'érotismes sans lendemain, de chassés-croisés sentimentaux, de médianoches, de comédies de salon, d'envolées lyriques, accompagnée de sa mère et de diverses bêtes tapageuses, ramageuses ou songeuses dont Verlaine évoque certaines, avec un attachement précieux, dans sa *Lettre* en vers des *Fêtes galantes* :

> *Tout se comporte-t-il là-bas comme il te plaît,*
> *Ta perruche, ton chat, ton chien ? La compagnie*
> *Est-elle toujours belle ?...*

Quelle atmosphère de charme et d'extravagance mêlés aurait pu donner à Verlaine, sensibilisé à l'extrême par son deuil et l'absinthe, un pareil exemple de fraternisation entre le réel de la vie et son reflet romanesque ? Aussi ne s'étonnera-t-on pas du modernisme désinvolte et parfois égrillard qui,

Dans le « salon » de Nina de Villard « une femme, la reine des fictions, est assise devant le clavier ». Aquarelle d'Henri Cross.

sous les déguisements de la comédie italienne ou du marivaudage Régence, délasse des délires quintessenciés, anime tour à tour les existences bruissantes de ces *pupazzi* humains que l'auteur a fait tenir si étonnamment nombreux dans un livre si court : du Pierrot amateur de pâtés en croûte à l'énigmatique Colombine ; des « indolents » Tircis et Dorimène à la Clymène cruelle ou angélique ; – sans mentionner les passantes anonymes, les spectres considérables, on peut à peine croire qu'on compte près de vingt personnages qui se croisent, se posent, s'étreignent ou s'effleurent avant de disparaître.

Pourtant, des allusions fugitives, des mots mélancoliques dont on ne se souvient qu'après, passent très tôt tels des présages. Dès le début, c'était miracle que le clair de lune fût bénéfique car, dans les poèmes de Verlaine (sauf à titre précaire), il offre essentiellement une valeur de sorcellerie inquiétante que l'auteur dénoncera vingt-cinq ans plus tard, sans y penser, au cours d'un voyage en chemin de fer à travers un honnête paysage hollandais : *Je reste taciturne à cause de la lune qui me détaille comme exprès les moindres objets sur la route... La lune ne serait pas la sorcière, l'incantatrice qu'elle est si elle ne jetait son fantastique et son* erreur *sur ce paysage tout réel et tout humain...* C'était miracle aussi que Verlaine eût pu créer, comme un cocon autour de lui, cet univers riant qu'il ne retrouvera jamais plus. Il a tenté une délivrance du créateur par ses créatures, il a rêvé pathétiquement une œuvre d'ivresse sublimée où rien ne doit peser ni poser, où les costumes iriseront une fête perpétuelle, c'est-à-dire une trêve, un armistice du destin, et où tout prêchera ce détachement et cette irresponsabilité auxquels il aspire. Là où tout n'est que jeu, un Verlaine transposé pourra vivre délivré. Ce paradis délicieusement artificiel qu'il a rendu cohérent, c'est un lieu d'asile qu'il a tenté de s'aménager dans le temps, pour s'y blottir en s'arrachant à lui-même. Costumé, il se regarde dans un miroir magique au-delà duquel c'est le bonheur qui l'attend. Mais, sauf dans les contes, on ne traverse pas les miroirs.

Aussi la tentative, admirablement réussie sur le plan de l'art, échoue-t-elle sur le plan humain. Au lieu de se sauver dans sa création, le créateur la contamine de son désespoir. Quoi ? déjà l'automne... Le vent qui se lève est près de s'abattre sur des parcs dévastés ; indifférent, le rossignol chante la tristesse comme il chantait l'élan ; le temps, naguère serviteur docile, harcèle de nouveau les voyageurs. Voici *Colloque sentimental** que l'ironie tragique de son titre résume. Entre deux pages, est-il possible que des mois se soient écoulés ? Tout est fini. C'est l'hiver. L'illusion est morte comme sont clos le beau voyage sans retour et le paradis deux fois perdu. Sous forme de spectres, le couple le plus désespéré de toute la poésie française s'en revient un instant pour s'entre-déchirer avant que l'éternité le reprenne et que se ferme le livre.

Dans ces ruines de la fête, le poète saturnien va se réveiller, aussi pessimiste, et plus amer. Cette lutte psychologique qui subsiste en Verlaine au temps des *Fêtes galantes*, d'autres œuvres d'une résonance très différente viennent alors l'attester : poèmes comme *A Horatio, Paysage historique, Intérieur* * ; proses telles que *Spectres et Fantoches*, – signes successifs d'une anxiété macabre, d'une hébétude apeurée.

Publiés dans des journaux à la même époque, ils furent long-temps laissés dans l'ombre, ensuite, par l'auteur.

Contre l'incertitude de sa délivrance par la seule poésie, Verlaine paraît d'ailleurs avoir voulu lui-même s'assurer, puisque, conjointement avec les *Fêtes galantes* qui marquent un détachement vis-à-vis du monde contemporain, il écrit des textes « engagés » plus nombreux encore : *les Poètes* (« les Vaincus »), *les Loups, les Sots, les Imbéciles!* Œuvres qui crient le désespoir ou le mépris devant le spectacle du siècle et plus particulièrement de la *France aux yeux ronds*, abrutie par l'argent. Période et pays où la minorité des poètes créateurs est livrée aux sarcasmes de la foule idiote, promise aux *loups* patients délégués par la société. Époque où

La vie est triomphante et l'Idéal est mort

par la faute d'un monde matérialiste, et singulièrement de ce second Empire finissant que Verlaine – plus aristocrate de la poésie que socialiste militant – choisit parfois comme bouc émissaire quand ses camarades l'y incitent ou que des colères roboratives l'y poussent. Rien de plus significatif à cet égard que le document inédit, reproduit face à la page de titre de ce livre, où l'on voit soudain l'écriture changer, Verlaine prenant la plume pour reproduire avec zèle, à l'intention de son ami Lepelletier, le texte d'une allocution républicaine, prononcée lors d'une manifestation à laquelle il n'a pas lui-même assisté.

La nostalgie et la colère se partageant le caractère de Ver-laine, dès qu'il se heurte aux circonstances qui font la trame du monde, l'exercice de ces deux facultés autocratiques peut être également salutaire : la poésie dégagée enlève son âme vers plus que le réel ; des œuvres engagées engrènent utile-ment l'esprit sur une autre réalité que les phantasmes tyran-niques du rêve... Sont-elles cependant assez puissantes pour arracher cet être inquiet aux ornières où on appréhende de le voir s'engraver en imaginant de forcer la réalité à copier la magie, ou, au contraire, en prétendant rester fidèle à lui-même par son adhésion à la poésie tranquille des épousailles et du monde social, adhésion qui serait, en vérité, une rupture de contrat avec l' « autre monde » ?...

FÊTES GALANTES

à Bouroz – vous
qu'il faille appeler
ce Fête galante
ou La fête galante ?
– N'est ce pas plus
symboliste ?

[signature]

Clair de lune

Votre âme est un paysage choisi
Que vont charmant masques et bergamasques
Jouant du luth et dansant et quasi
Tristes sous leurs déguisements fantasques.

Tout en chantant sur le mode mineur
L'amour vainqueur et la vie opportune,
Ils n'ont pas l'air de croire à leur bonheur
Et leur chanson se mêle au clair de lune,

Au calme clair de lune triste et beau,
Qui fait rêver les oiseaux dans les arbres
Et sangloter d'extase les jets d'eau,
Les grands jets d'eau svelter parmi les marbres.

les Ingénus

Les hauts talons luttaient avec les longues jupes,
En sorte que, selon le terrain et le vent,
Parfois luisaient des bas de jambes, trop souvent
Interceptés ! – et nous aimions ce jeu de dupes.

Parfois aussi le dard d'un insecte jaloux
Inquiétait le col des belles sous les branches,
Et c'étaient des éclairs soudains de nuques blanches,
Et ce régal comblait nos jeunes yeux de fous.

Le soir tombait, un soir équivoque d'automne :
Les belles, se pendant rêveuses à nos bras,
Dirent alors des mots si spécieux, tout bas,
Que notre âme, depuis ce temps, tremble et s'étonne.

Lettre inédite de Reynaldo Hahn à propos de la mise en musique des « Fêtes galantes », vers 1891.

Les Coquillages

Chaque coquillage incrusté
Dans la grotte où nous nous aimâmes
A sa particularité.

L'un a la pourpre de nos âmes
Dérobée au sang de nos cœurs
Quand je brûle et que tu t'enflammes ;

Cet autre affecte tes langueurs
Et tes pâleurs alors que, lasse,
Tu m'en veux de mes yeux moqueurs ;

Celui-ci contrefait la grâce
De ton oreille, et celui-là
Ta nuque rose, courte et grasse ;

Mais un, entre autres, me troubla.

Mandoline

Les donneurs de sérénades
Et les belles écouteuses
Échangent des propos fades
Sous les ramures chanteuses.

C'est Tircis et c'est Aminte,
Et c'est l'éternel Clitandre,
Et c'est Damis qui pour mainte
Cruelle fait maint vers tendre.

Leurs courtes vestes de soie,
Leurs longues robes à queues,
Leur élégance, leur joie
Et leurs molles ombres bleues

Tourbillonnent dans l'extase
D'une lune rose et grise,
Et la mandoline jase
Parmi les frissons de brise.

En sourdine

Calmes dans le demi-jour
Que les branches hautes font,
Pénétrons bien notre amour
De ce silence profond.

Fondons nos âmes, nos cœurs
Et nos sens extasiés,
Parmi les vagues langueurs
Des pins et des arbousiers.

Ferme tes yeux à demi,
Croise tes bras sur ton sein,
Et de ton cœur endormi
Chasse à jamais tout dessein.

Laissons-nous persuader
Au souffle berceur et doux
Qui vient à tes pieds rider
Les ondes de gazon roux.

Et quand, solennel, le soir
Des chênes noirs tombera,
Voix de notre désespoir,
Le rossignol chantera.

◀ *Illustration de Willette pour « Mandoline » de Debussy*

Watteau, « Fête d'amour ».

Circonspection

Donne ta main, retiens ton souffle, asseyons-nous
Sous cet arbre géant où vient mourir la brise
En soupirs inégaux sous la ramure grise
Que caresse le clair de lune blême et doux.

Immobiles, baissons nos yeux vers nos genoux.
Ne pensons pas, rêvons. Laissons faire à leur guise
Le bonheur qui s'enfuit et l'amour qui s'épuise,
Et nos cheveux frôlés par l'aile des hiboux.

Oublions d'espérer. Discrète et contenue,
Que l'âme de chacun de nous continue
Ce calme et cette mort sereine du soleil.

Restons silencieux parmi la paix nocturne :
Il n'est pas bon d'aller troubler dans son sommeil
La nature, ce dieu féroce et taciturne.

(Recueilli dans *Jadis et Naguère*, 25 juillet 1867.)

Colloque sentimental

Dans le vieux parc solitaire et glacé
Deux formes ont tout-à-l'heure passé.

Leurs yeux sont morts et leurs lèvres sont molles
Et l'on entend à peine leurs paroles.

Dans le vieux parc solitaire et glacé
Deux spectres ont évoqué le passé.

— "Te souvient il de notre extase ancienne ?"
— "Pourquoi voulez vous donc qu'il m'en souvienne!"

— "Ton cœur bat-il toujours à mon seul nom ?
~~Comme .... vois tu toujours ..... mon ....~~?" — "Non.
"Toujours vois tu mon âme en rêve ....

— "Ah! les beaux jours de bonheur indicible
"Où nous joignons nos bouches!" — "C'est possible."

"Qu'il était bleu le ciel et grand l'espoir!"
— "L'espoir a fui, vaincu, vers le ciel noir."

Tels ils marchaient dans les avoines folles,
Et la nuit seule entendit leurs paroles.

AUTOUR DES « FÊTES GALANTES »

Intérieur

A grands plis sombres une ample tapisserie
De haute lice, avec emphase descendrait
Le long des quatre murs immenses d'un retrait
Mystérieux où l'ombre au luxe se marie.

Les meubles vieux, d'étoffe éclatante flétrie,
Le lit entr'aperçu vague comme un regret,
Tout aurait l'attitude et l'âge du secret,
Et l'esprit se perdrait en quelque allégorie.

Ni livres, ni tableaux, ni fleurs, ni clavecins ;
Seule, à travers les fonds obscurs, sur des coussins,
Une apparition bleue et blanche de femme

Tristement sourirait – inquiétant témoin –
Au lent écho d'un chant lointain d'épithalame,
Dans une obsession de musc et de benjoin.

(Recueilli dans Jadis et Naguère,
3 octobre 1867.)

Sur le balcon

Toutes deux regardaient s'enfuir les hirondelles :
L'une pâle aux cheveux de jais, et l'autre blonde
Et rose, et leurs peignoirs légers de vieille blonde
Vaguement serpentaient, nuages, autour d'elles.

Et toutes deux, avec des langueurs d'asphodèles,
Tandis qu'au ciel montait la lune molle et ronde,
Savouraient à longs traits l'émotion profonde
Du soir et le bonheur triste des cœurs fidèles.

Telles, leurs bras pressant, moites, leurs tailles souples,
Couple étrange qui prend pitié des autres couples,
Telles, sur le balcon, rêvaient les jeunes femmes.

Derrière elles, au fond du retrait riche et sombre,
Emphatique comme un trône de mélodrames
Et plein d'odeurs, le Lit, défait, s'ouvrait dans l'ombre.

(*Les Amies*, 1868.)

Lithographie de Bonnard pour « Parallèlement », 1900. ▲

Rimbaud à 17 ans, photographie de Carjat.

LA TENTATION SUR LA MONTAGNE

*C*hef du « Bureau de la Presse » durant le siège de Paris et la Commune, Verlaine s'était caché dans sa famille dès la victoire de Thiers. A son retour à Paris à la fin de l'été 1871, c'est un Verlaine désormais sans situation, sans audience poétique, sans avenir prévisible, marié mais plus seul que jamais, qui décachète deux lettres venues de Charleville et réexpédiées par son éditeur Lemerre. Elles sont signées d'un jeune provincial qui se dit poète et se nomme Rimbaud. Elles peuvent alors sembler providentielles à une âme excédée du quotidien comme d'elle-même.

Que, voici deux ans et demi à peine, au printemps de 1869, il ait pu croire à une réversibilité de l'art sur la vie, il arrive avec peine à se le figurer. L'ironie du sort avait voulu pourtant que le poète des *Fêtes galantes* rencontrât alors, sous le nom de Mathilde Mauté de Fleurville, une toute jeune fille qui apparaissait soudain dans la vie comme une mignonne héroïne de ses propres poèmes : un Verlaine *florianesque* (selon son expression) n'était-il pas fait pour cette « bergère de Saxe » ? Il le crut, s'enthousiasma pour cette *fée*, transforma cette créature au *babil charmant* en un *Être de lumière* dont il attend et accepte tout. Mais que possèdent en commun ces deux êtres ? Elle, grande bourgeoise méthodique et snob

dès sa fierté sensuelle éventée ; lui, farouche irrégulier qui
ignore tout snobisme parce qu'il a de bien plus belles rela-
tions dans ses rêves ; amoureux ambivalent, du reste, qui n'a
jamais oublié Lucien Viotti, collaborateur aimé, partenaire
d'interminables entretiens intimes, – Lucien Viotti qui s'est
engagé par désespoir jaloux, il le sait maintenant, et qui
est mort misérablement dans un lointain hôpital prussien
à cause du mariage de son ami avec cette *étroite cervelle* de
Mathilde qui, de surcroît, sous prétexte qu'elle est enceinte,
dérobe frigidement ses respectables appas !

Par surcroît de malchance, le mariage a coïncidé avec le
début de cette guerre que Verlaine exècre autant comme
pantouflard pacifiste que comme parnassien de gauche. A
la fin de l'été 1870, on avait chanté la République ; dès l'automne, on avait commencé à déchanter et en hiver, avec la
garde aux remparts dans la disette, à grogner et à boire.

▲ *Mathilde Mauté de Fleurville*   *Dessin de Félix Régamey accompagné d'un poème de Verlaine, 1870*

Paul Verlaine (Félix Régamey pingebat)
Reste inattentif aux clameurs de la rue,
Digère, cependant qu'à deux pas l'on achève
Sa ration de lard et sa part de morue.

29 9bre 1870, Café du Gaz
Paris étant assiégé.

Réhabituant à l'alcool ses entrailles remises à neuf, Verlaine a réveillé aussitôt toutes ses forces démoniaques trop long-temps brimées : mais de forces *démoniques* pour les encadrer, de travail poétique à leur donner, point! Depuis son mariage, il n'a rien publié : état d'engourdissement qui n'est pas seulement un sujet normal de remords et d'insatisfaction, mais qui, faisant tourner à vide la machinerie intérieure, déclenche par compensation de violents réflexes d'irritation extérieure. Quand il confronte stérilement son monde mer-veilleux et fragile avec l'imbécile réalité d'autrui, son délire pythiaque se résout en colère écumante...

Durant la Commune, Verlaine s'était enfin remis à com-poser : la saynète *les Uns et les Autres,* recueillie seulement en 1884 dans *Jadis et Naguère.* Mais pourquoi, sous couleur d'écrire une comédie badine, pleine d'ailleurs de réflexions amères, faire dialoguer des fantômes? Pourquoi, avec les mêmes mots obsesseurs, reprendre les *Fêtes galantes* là où les spectres du *Colloque sentimental* les avaient laissées? C'est qu'à présent, l'ange dromomane de la création, qui conspire sans emploi, rêve ou blasphème tout seul en se meurtrissant dans la cage que la routine a forgée. Que lui reste-t-il? Une félicité de pacotille, l'esclavage sous le nom d'ordre et de fidélité, la niaiserie de *la Bonne Chanson* et l'abrutissement intellectuel de sa belle-famille!

Un homme frustré sans pouvoir dire exactement de quoi; un être affamé sans oser savoir exactement pourquoi; un individu plein de colère rentrée d'autant plus pernicieuse; tel se sent Verlaine après treize mois de cure matrimoniale – on n'ose déjà plus dire d'union... L'inconnu nommé Rimbaud va tout naturellement assumer un rôle double : apparu d'abord comme la réincarnation de Viotti, le confident du cœur, il s'imposera très vite comme l'ange noir et souverain qui ébranle sans trêve, jusqu'à sa victoire, la faible âme engourdie.

Dans ses lettres, Rimbaud disait son admiration pour l'auteur des *Fêtes galantes* qu'il avait classé parmi les rares « voyants » dans sa fameuse lettre à Demeny. Il avait glissé dans ses messages des pièces de vers, déconcertantes ou sai-

Charleville, la place ducale. Photographie de Jean-Aléxis Hénon.

sissantes selon le lecteur, et criait sa nostalgie de Paris et d'une grande œuvre : « J'ai le projet de faire un grand poème et je ne peux travailler à Charleville. Je suis empêché de venir à Paris, étant sans ressources. » Enfin il semait ses lignes de confidences sur sa misanthropie, et aussi de détails immédiatement personnels. *Renseignements bizarres*, écrira plus tard Verlaine ; bien propres assurément à le troubler. Il répondit par des protestations de sympathie pour le caractère, d'admiration pour la poétique : *J'ai comme un relent de votre lycanthropie. Vous êtes prodigieusement armé en guerre...* Après avoir éprouvé sur ses amis, enthousiastes, la valeur de ces poèmes, *d'une beauté effrayante*, qui lui faisaient l'effet d'un météore, puis obtenu l'accord de sa femme et de sa belle-famille sur le principe d'une hospitalité provisoire – un acte de charité! – il écrivit à Rimbaud la lettre d'appel dont la seule phrase conservée dit l'élan : *Venez, chère grande âme, on vous appelle, on vous attend.*

Retenons l'expression, sincère et révélatrice : pour Verlaine, Rimbaud représente d'abord une âme, par bonheur logée dans un corps ami ; une âme pour soulever et renouveler la sienne ; une âme avec qui on peut vivre dans l'extase un abrégé d'éternité. Et c'est au moment où l'âme se dérobera que Verlaine se retranchera avec désespoir sur le corps seul, alléguant un bail qui n'est dans l'esprit de son partenaire qu'un engagement verbal...

Peu importe donc qu'arrivé aussitôt, cet étrange adolescent aux yeux bleus et aux mains rouges se soit montré déplaisant chez ses hôtes et taciturne au point d'en être lugubre. Le témoignage de ses amis importe davantage à Verlaine, et l'exalte. C'est ainsi que le poète Valade écrit à un autre, parlant de leur dernier banquet de fondation : « Là fut exhibé, sous les auspices de Verlaine son inventeur, et de moi son Jean-Baptiste sur la rive gauche, un effrayant poète de moins de dix-huit ans qui a nom Arthur Rimbaud. A moins de la pierre sur la tête que le Destin nous tient souvent en réserve, c'est un génie qui se lève... »

Du désintérêt aux scènes familiales et aux coups ; des menaces de représailles légales aux réconciliations qui ne sont que des replâtrages ; des fugues furtives aux retours officiels ; des dernières temporisations au saut dans l'inconnu, l'enchaînement est désormais fatal. Il n'y eut pas vraiment de prodromes, seulement des actions différées. Dès le début, l'hôte est acquis au pèlerin, fasciné, envoûté. Pour comprendre ce duo messianique qui se termine par un duel, saisir l'essentiel de cette initiation sans se perdre dans les détails ou les questions sans fin, il faut admettre aussitôt ce que Rimbaud fut d'emblée pour Verlaine : tout. Franc-maçonnerie de collégiens et griserie de bohèmes, sensualité cérébrale, vertige et défi de l'oubli, dialectique du technicien de la création, passion poétique de l'explorateur : il satisfait tout, et d'abord il balaie tout. Bourgeoisie et bureaucratie, hypocrisie religieuse, littérature conventionnelle, illusions de l'amour plastique ou de la fébrilité sentimentale, – toutes les formes de conformisme sont expédiées lestement.

Verlaine est plein de scrupules dont il enrage sans en pouvoir mais, et dont il se libère tant bien que mal à coups de gros mots et de gestes impulsifs ; Rimbaud, quant à lui, dévisage lucidement des scrupules hérités qu'il résout avec le tour de main du génie par des théorèmes impeccables, des entrevisions souveraines. Verlaine est timide, hésitant, renfermé ; devant les gens comme devant les problèmes, Rimbaud est plein d'une formidable assurance qui va tout de suite au-delà du faux raisonnable. Auprès de lui, Verlaine se persuade de calmer enfin cette nostalgie de mystique et d'enfant gâté qui réclame des martingales infaillibles, des Sésames immédiats. Aussi, dès le début, si l'un fut conquérant, Verlaine ne demandait-il qu'à être conquis : « vierge folle », comme le baptisera bientôt son « époux infernal » avec une perspicacité cruelle.

> *Ces passions qu'eux seuls nomment encore amours*
> *Sont des amours aussi, tendres et furieuses,*
> *Avec des particularités curieuses*
> *Que n'ont pas les amours certes de tous les jours...*

Cette intimité-là fut naturellement très vite totale, sans retenue. En novembre 1871, deux mois après l'arrivée de Rimbaud, Lepelletier, vieux camarade qui n'était point prude, faisait paraître un entrefilet relatant qu'à la première d'une pièce de Coppée – non plus « le Passant » mais « l'Abandonnée »... – « on remarquait le poète Paul Verlaine donnant le bras à une charmante jeune personne, Mlle Rimbaud. »

Sans perdre un instant, Verlaine est d'ailleurs retourné avec son nouvel ami à ses anciennes habitudes de cafés ombreux, de promenades indéterminées, de vagabondages verbaux qui grisent plus encore que l'alcool. Ils parlent du Vers, de l'avenir de la Poésie, de celui du Monde. Rimbaud reprend pour son nouveau disciple la fascinante théorie du « voyant » qu'il a déjà exposée à deux de ses maîtres : « Le Poète se fait *voyant* par un long, immense et raisonné *dérèglement de tous les sens*. Toutes les formes d'amour, de souffrance, de folie ; il cherche lui-même ; il épuise en lui tous les poisons, pour n'en garder que les quintessences. Ineffable torture où il a besoin de toute sa foi, de toute la force surhumaine, où il devient entre tous le grand malade, le grand criminel, le grand maudit, – et le suprême Savant! – car il arrive à *l'inconnu* !... » La langue nouvelle qu'il inventera peu à peu ? Elle « sera de l'âme pour l'âme, résumant tout, parfums, sons, couleurs, de la pensée accrochant la pensée, et tirant... » « En définitive, la Poésie ne rythmera plus l'action : elle sera *en avant.* »

Ce n'était peut-être qu'une étape...

Il m'exposait tout cela, racontera Verlaine vingt-cinq ans
après, *dans de longues promenades autour de la Butte et, plus
tard, aux cafés du quartier Trudaine et du quartier Latin.* En
échange, que peut offrir l'époux de Mathilde ? De la grisaille,
un marmot, une vie modèle de petit-bourgeois dont la seule
vision fait ricaner Rimbaud, antibourgeois né, communard
militant, lui qui hait d'un même cœur sa mère pingre et
bigote, sa petite ville méthodique, le Paris du maréchal de
Mac-Mahon. Des vers nouveaux ? Le pauvre Verlaine serait
bien en peine d'en montrer ! Il est peu vraisemblable qu'il
ait parlé à Rimbaud de la lettre navrante envoyée quelques
semaines plus tôt à Lemerre pour solliciter l'impression
d'un recueil d'avant 1870 : *L'orage s'apaise... Je repense à
cette bonne vieille littérature. J'ai un volume tout prêt :* les
Vaincus... *Mon volume actuellement est plus humain que politique, – sans que pour cela j'entende faire aucune concession.*

Seulement la politique n'y occupe plus qu'une place aérienne pour ainsi parler, et la tristesse y a détrôné la colère. Je sais combien les livres de vers, étant donné surtout mon peu de notoriété, sont de peu de vente auprès des lecteurs actuels, qui sont de si peu de foi ! Mais je vous dirai ceci, je suis disposé à bien des sacrifices pour rentrer, enfin ! dans l'atmosphère poétique qui est surtout la mienne... J'ai cru remarquer parmi mes anciens amis de chez vous une espèce de désaffection, depuis mai dernier... Lettre à laquelle Lemerre a répondu par une fin de non-recevoir non dépourvue de quelque brutale pénétration : « ... Il faut attendre une année au moins avant de publier quelque chose, apaiser les petites rancunes que très maladroitement vous avez amassées sur vous ces derniers temps. Je ne vous crois pas méchant et cependant tous vos actes donnent raison à ceux qui disent que vous l'êtes. Supprimez deux choses dans votre existence, la politique et la jalousie, et vous serez un homme parfait! »

Quant à *la Bonne Chanson*, comment Verlaine ne s'aviserait-il pas que son recueil de fiancé est trop mièvre ? Que, sans en avoir eu conscience, il s'est plus d'une fois pastiché lui-même tout en s'époumonant ? Et si l'œuvre est fade, que peut donc valoir sa fallacieuse inspiratrice, ogresse déguisée en femme attentionnée ? Si l'on doute que Verlaine y ait songé, on peut faire confiance à Rimbaud ! Qu'on repense seulement aux phrases de sa lettre d'appel, quand Verlaine excédé aura provisoirement rompu : « Avec moi seul, tu peux être libre... Après ça, repense à ce que tu étais avant de me connaître... »

Et son reflet dans l'eau survit à son passage...

avait du moins écrit Verlaine dans *la Bonne Chanson*, employant une image qui se révèle être une admirable définition de la poésie. – « Alors, *quel* reflet de la vie profonde survit actuellement dans ton existence conjugale au passage de *quel* oiseau ? » Telle est la question que l'ange-poète, surgi de sa province comme d'une nuée, pose avec une logique inlassable à ce Jacob dans son ornière, tremblant au bord de l'abîme qui l'éblouit.

Verlaine, en proie à un maître impitoyable et plus âgé que lui par la pensée, hésite et tremble : son âme est incertaine devant l'irréparable. Une première fois, il a sacrifié provisoirement Rimbaud qui, la rage dans le cœur, a dû repartir quelques semaines pour Charleville, revivre ce qu'il nomme sans trêve son « martyre » sous la discipline de fer de la « mère Rimb ». Dans ses lettres à l'exilé, l'ami repentant s'est alors humilié avec frénésie, et, voyant dans un rêve symbolique Rimbaud en *martyriseur d'enfant*, revendique même les cruautés de son ami, qu'il baptise *chemin de croix*. Mais il a affaire à un être absolu et exclusif. Ce repentir extatique agrée sans doute à Rimbaud et le fait vibrer ; cette humilité sensuelle ne saurait pourtant ni suffire à son envergure, ni aveugler totalement sa rancune.

Entre la quiétude au creux de soi-même et l'exaltation au sommet de soi-même, le choix final de Verlaine était difficile, mais inéluctable : son tentateur n'aurait sans doute pu être son « mauvais génie » s'il n'avait été d'abord un génie ; en retour, dans la personnalité de Verlaine, la « vierge folle » aspirait à un appel, et elle n'attendait qu'un certain signe impérieux pour s'y rendre. Dès que Rimbaud a, cette fois, non plus prié avec rage, mais commandé, Verlaine à l'instant même obéit. Rimbaud accepte cette soumission comme une clause de leur pacte : il en jouera tout naturellement en attendant de la mépriser quand son âme, lassée, se retirera. Mais envisager ces périls souterrains – fût-ce pour tenter de s'en préserver – serait briser une entreprise dont la vertu tient dans l'absolutisme même. Aussi, sans bagages, sans le moindre avertissement au misérable foyer, apparemment sans retour, les voici tous deux partis en Argonautes à la conquête de ce je ne sais quoi qui se trouve soit derrière l'horizon visible, soit derrière l'horizon de soi-même.

Nous sommes le 7 juillet 1872, mois prédestiné : un an et trois jours plus tard, le 10 juillet 1873, Verlaine blesse très légèrement l'amant qui veut rompre. Avant la fin du même mois, Verlaine aura gagné une cellule comme un maudit, Rimbaud regagné Charleville comme un raté – tous deux pour y grandir.

... Et salut, témoins purs de l'âme en ce combat
Pour l'affranchissement de la lourde nature !
(Parallèlement.)

Maintenant commence une grande aventure qui a été l'objet d'une infinité de commentaires, tantôt pour en magnifier la portée, tantôt pour la rabaisser. De l'extérieur, que savons-nous de cette liaison vagabonde ? Qu'apparemment elle aurait duré un an, à trois jours près. Mais en réalité, si les deux amis sont demeurés constamment ensemble de juillet à décembre 1872, ensuite les départs de Rimbaud se multiplient : trois semaines autour de Noël 1872, puis tout février et mars 1873, enfin une partie d'avril et de mai. Après peut-être de brefs revoirs près des frontières, les deux errants, réunis à Charleville le 24 mai, repartent ensemble le 25, par Anvers, pour Londres où Verlaine excédé abandonne Rimbaud le 4 juillet. Après explications, menaces, supplications, Rimbaud rejoint son ami à Bruxelles le 8. Le 10 commencera le purgatoire de Verlaine, mais les quatre extraordinaires saisons en enfer seront consommées pour les deux.

En définitive, ils n'auront vécu ensemble que sept à huit mois, plutôt sept. Mais plus que le temps, ce qui compte, c'est la fréquence des absences de l'Ami, leurs causes, leurs répercussions. En 1873, c'est plus de quatre mois que Rimbaud a quitté Verlaine, ou que Verlaine l'a laissé partir ou persuadé de s'effacer temporairement. A cette orientation des faits, on peut trouver plusieurs explications qui aident du même coup à comprendre la péripétie fatale du dénouement. Et d'abord, des crises d'insatisfaction : ces poussées d'ennui récurrentes dans les plus belles liaisons dès qu'elles se stabilisent trop. Peut-on exclure cette donnée de l'âme quand, après avoir mesuré les dates, on mesure les lieux, les pays visités, et qu'on confronte ce misérable butin d'incuriosité avec les grands rêves d'espace et le bilan lyrique de *Læti et Errabundi* ?

Des paysages, des cités
Posaient pour nos yeux jamais las ;
Nos belles curiosités
Eussent mangé tous les atlas

Un peu de Belgique. Très peu d'Angleterre. Est-ce là vraiment tout ? Quoi ! Si vite embourgeoisés dans l'évasion ! Le seul mois de juillet est celui de vertigineuses randonnées à travers la Wallonie, par de petites villes et des campagnes intimes. Puis, à part de brèves escapades, ils se fixent à Bruxelles où, durant six semaines, ils hantent conjointement les musées et les guinguettes, les fêtes foraines.

L'âme au septième ciel ravie,
Le corps, plus humble, sous les tables...

L'automne venu, puis l'hiver, ils passent en Angleterre, se cantonnent à Londres et sa banlieue, projettent pour l'été un voyage en Écosse et en Irlande. Le capital dont Verlaine avait pu disposer, allégrement dépensé, a presque disparu. Comme Rimbaud couve déjà un sentiment de frustration (lui qui plus tard, sans Verlaine, saura bien courir sans argent facile presque jusqu'aux extrémités du monde), Verlaine, qui est à la fois Marthe et Marie, court le cachet pour assurer la matérielle et mériter d'autres leçons. Tandis que Rimbaud, préoccupé des arcanes de tout, et sans doute déjà tendu vers un autre avenir, fréquente assidûment la bibliothèque du British Museum, Verlaine, souvent esseulé, se sent en porte-à-faux dans une ville où presque tout le heurte et où il ne fréquente guère que de petits milieux littéraires aigris. Bien qu'il affiche pour les *interminables docks* de la Tamise – *seuls monuments* de Londres, selon lui... – une admiration liée à *la poétique de plus en plus moderniste* qu'il affirme, il continue à mettre Monticelli *à mille piques au-dessus de Turner*, précurseur pourtant du Monet qui pénétra si bien la féerie des brouillards de Londres... Mais dans une ville qui lui est à tous égards antipathique, il se languit constamment, parfois jusqu'au spleen, et même au désespoir galopant. Il faudra le retour du printemps pour que se reconstitue un peu de l'intimité déjà fêlée.

Ces voyageurs traqués par la fièvre de leur grand rêve, surtout Verlaine, infiniment plus vulnérable ; ces chercheurs de trésors forcés d'avancer sans cesse, même s'ils l'ignorent ou sont persuadés du contraire, diffèrent dès le départ dans l'appréciation des valeurs et des options essentielles. Sommé de choisir, Rimbaud, si cruellement sensuel qu'il soit alors, choisirait et choisira l'infini et l'inconnu de ce qu'on appelle l'âme ; Verlaine n'entend pas choisir entre cette âme et le corps qui en irradie la lumière ; et le jour où, désespérant des possibilités de l'âme rimbaldienne, il se cramponnera aux deux, il perdra les deux, ne retrouvant la magie de l'âme que par l'alchimie du souvenir.

L'adoration en un seul être du magicien et de l'amoureux, la foi du paralytique, le mouvement vertigineux qui supprime ensemble les doutes de la réflexion et les atteintes de la réalité : tels sont les grands ressorts de la transfiguration de Verlaine au début de leur liaison. L'immobilité, la monotonie quotidienne, au cœur de l'évasion, devant une réalité inéluctable et déprimante ; le divorce grandissant entre la foi dans le magicien évasif et l'intoxication sensuelle par un être qu'on entend du moins garder à tout prix ; la confiance ébranlée en eux deux : telles sont inversement les causes profondes de la fêlure, puis du drame fondé sur ce malentendu progressif.

Qu'ils s'y soient d'abord trompés avec ravissement, rien de plus normal. Pour Rimbaud, Verlaine demeure un poète admiré, un aîné expérimenté, le Parisien. Quant à Verlaine, guidé, soumis, « au septième ciel », il est ivre de mouvement libérateur : plusieurs lettres de cette époque, plusieurs poèmes commémoratifs des *Romances sans paroles*, comme d'autres, écrits les yeux clos sur le souvenir, exaltent le même motif dont il fait part à Lepelletier, par exemple, avec une jubilation

Turner : « Pluie, vapeur, vitesse ». (National Gallery.)

intense : *Je* voillage *vertigineusement*. Cette exultation du mouvement crée un *no man's land* heureux : griserie ambulatoire des voyages en chemin de fer, accélération du mouvement qui communique à l'être l'indispensable impression de se trouver hors d'atteinte.

Tout naturellement, Verlaine invente en conséquence une nouvelle manière de percevoir l'espace en mouvement. Dans un des *Paysages belges*, « *Charleroi* », il enregistre toutes brutes les sensations de vitesse, immédiates, – d'où la manière de peindre, mallarméennement, non pas la chose, mais l'effet qu'elle produit :

> *Un buisson gifle*
> *L'œil au passant...*
> . . . .
> *Des gares tonnent...*
> *Les yeux s'étonnent*
> *Où Charleroi ?...*

Le poème suivant, cité un peu plus loin *(« La fuite est verdâtre et rose... »)*, qui passe à tort pour mystérieux, sait également communiquer d'âme à âme une magie intime faite d'interpénétration entre l'espace intérieur et l'espace extérieur, rougi par l'automne, mais transfiguré par le « *demi-jour de lampes* » du compartiment...

Bien avant Valéry Larbaud et Paul Morand, Verlaine apparaît ainsi (charme original autant que mal aperçu) comme l'un des tout premiers écrivains modernes à pénétrer l'enchantement du chemin de fer et les phénomènes de la vitesse, fixés par Turner, mais décriés par Vigny.

Voyage aussi que cette *Escarpolette*, érotique ou réelle, des *Romances sans paroles* dont le balancement équilibre un instant, au plus haut de sa course, l'élan de la gravitation, et qui permet symboliquement la résolution des contraires : sensations et entrevisions, passé et avenir, amour et amours...

Je devine, à travers un murmure,
Le contour subtil des voix anciennes
Et dans les lueurs musiciennes,
Amour pâle, une aurore future !

Et mon âme et mon cœur en délires
Ne sont plus qu'une espèce d'œil double
Où tremblote à travers un jour trouble
L'ariette, hélas ! de toutes lyres !

O mourir de cette mort seulette
Que s'en vont, cher amour qui t'épeures
Balançant jeunes et vieilles heures !
O mourir de cette escarpolette !

(Ariettes oubliées, II.)

Au cours d'un même poème, une tristesse insidieuse monte ainsi des profondeurs pour geler l'âme et faire dériver les images. Le languissant oiseau des amours mortes, le *monotone automne* de *Nevermore* ressortent soudain :

> *La fuite est verdâtre et rose*
> *Des collines et des rampes,*
> *Dans un demi-jour de lampes*
> *Qui vient brouiller toute chose.*
>
> *L'or, sur les humbles abîmes,*
> *Tout doucement s'ensanglante,*
> *Des petits arbres sans cimes,*
> *Où quelque oiseau faible chante.*
>
> *Triste à peine tant s'effacent*
> *Ces apparences d'automne,*
> *Toutes mes langueurs rêvassent,*
> *Que bercent l'air monotone.*

Dans une expérience de délivrance, pourquoi encore cette série harcelante d'attaques et de parades, de fuite devant la réalité, de surréalité provisoire, d'angoisse du mauvais rêve, de soulagement que ce ne soit peut-être qu'un rêve ? Peut-être cela tient-il précisément à ce que les deux poètes-amants ne se sont pas figuré leur évasion de la même façon et qu'ils ne versent dans leur aventure, ni des forces égales, ni le même capital spirituel. Pour Rimbaud, cela s'avère *une* expérience parmi d'autres ; il la veut capitale, donc pure de compromission comme de défections. Pour Verlaine, ce devrait être *la* délivrance, ou ce n'est rien. L'un est volonté ; l'autre n'est qu'attente. Des promesses générales de Rimbaud, Verlaine a tout pris à la lettre. La table rase, ce doit être celle du « vieil homme » qui l'a toujours fait souffrir. *Ce qu'il requiert personnellement de cette nouvelle vie*, c'est d'abord *une formule de transfiguration* qui opère en lui la conciliation durable des contraires : enthousiasme précaire à la cime de soi-même ou pauvre sécurité d'un enfant blotti dans son cocon ; ses nerfs réclament une protection contre les émotions de la vie, son âme en revendique toute la frénésie.

Auprès de Mathilde, épouse aimablement réaliste, à la volonté étroite et d'intelligence fort moyenne, il n'a pu ni se livrer entièrement à une exaltation qui eût semblé (et qui a semblé sans doute) une inquiétante tare lunaire, ni combler un appétit d'aide et de protection dont on aurait souri, et qu'il a, par fierté, à peine laissé entrevoir. Ce suprême équilibre de l'enthousiasme pythique et de la sécurité, au début de leur liaison, dans une euphorie qui ne comporte encore ni conditions ni questions, il a la conviction absolue de pouvoir l'acquérir par Rimbaud, de le trouver sous son unique empire.

Pourtant, quinze jours à peine après le début de leur aventure, Verlaine a laissé venir à Bruxelles sa femme alertée. Pis, ils ont couché ensemble, tandis que Rimbaud était relégué dans une ombre respectable. Il est vrai qu'après une scène terrible, sur la frontière, Verlaine a choisi de renoncer à partir et sa femme a dû se contenter d'un message d'une verte galanterie : *Misérable fée carotte, princesse souris, punaise qu'attendent les deux doigts et le pot, vous m'avez fait tout, vous avez peut-être tué le cœur de mon ami ; je rejoins Rimbaud, s'il veut encore de moi après cette trahison que vous m'avez fait faire.*

N'importe ! l'ami a fait misérable figure. Que sera-ce quand, la procédure en séparation engagée par Mathilde et ses parents, Rimbaud devra plusieurs fois s'effacer derechef pour sauvegarder la morale bourgeoise et préserver les droits d'un Verlaine qui, très lucide soudain, adresse à Lepelletier un inventaire minutieux de livres et d'objets auxquels ce poète affranchi semble tenir...

Verlaine oublie trop que leur liaison n'est pas seulement initiatique, mais sensuelle, et que cette double contexture est inséparable. Confirmé par d'autres témoignages sur Rimbaud, le rapport de l'officier de paix Lombard n'est pas suspect, qui raconte avec un flegme de greffier : « Il y a quelque temps, Mme Verlaine alla trouver son mari pour essayer de le ramener. Verlaine répondit qu'il était trop tard, qu'un rapprochement était impossible et que d'ailleurs il ne s'appartenait plus. *La vie du ménage m'est odieuse*, s'écriait-il, *nous avons des amours de tigres!* et, ce disant, il montra à sa femme sa poitrine tatouée et meurtrie de coups de couteau que lui avait appliqués son ami Rimbaud. Ces deux êtres se battaient et se déchiraient comme des bêtes féroces, pour avoir le plaisir de se raccommoder. »

Verlaine en tombe d'accord, qui chérit en Rimbaud un double fétichisme : celui du mauvais Ange remonté sur terre et celui du tigre souverain. Mais si c'est à l'Initié qu'il se plaint sans accommodements, c'est d'abord le Tigre qui répond, exige, se venge, en vient assez vite à douter de son compagnon spirituel comme il a eu l'occasion de douter de l'amant. Demander tout, c'est s'engager totalement, pense Rimbaud. Oui, mais à condition d'obtenir les pouvoirs magiques de faire peau neuve, pense Verlaine. Chacun, et Verlaine plus que Rimbaud, attend beaucoup de l'autre, mais Verlaine EN SE MÉPRENANT PAR NATURE SUR LA QUALITÉ ET LA DENSITÉ EXACTES DE L'ENGAGEMENT DE RIMBAUD A SON ÉGARD, SUR LA NATURE DU TRÉSOR PROMIS, ET SUR LE DÉLAI DE L'ATTENTE NÉCESSAIRE POUR L'OBTENIR. La question de confiance devient un syllogisme insoluble parce que les termes en sont différents pour chacun. Au réveil de ces intimités dont chacun a parlé à sa manière : Rimbaud dans les « Veillées » des « Illuminations » : « C'est le repos éclairé, ni fièvre ni langueur, sur le lit ou sur le pré. C'est l'ami ni ardent ni faible. L'ami. C'est l'aimée ni tourmentante ni tourmentée. L'aimée. L'air et le monde point cherchés. La vie. – Était-ce donc ceci ? – Et le rêve fraîchit. » Verlaine dans l'*Explication* de *Parallèlement* :

> *Le bonheur de saigner sur le cœur d'un ami,*
> *Le besoin de pleurer bien longtemps sur son sein,*
> *Le besoin de parler à lui, bas à demi,*
> *Le rêve de rester ensemble sans dessein !*

– l'un et l'autre se sentiront de plus en plus souvent déçus : Rimbaud par le manque de confiance lancinant de Verlaine, Verlaine par l'insuffisance des pouvoirs magiques qu'il avait attribués à Rimbaud.

Fantin-Latour : « Le coin de table », 1872, détail.

Le malentendu est d'autant plus douloureux que, malgré tout, Verlaine aime de plus en plus Rimbaud, comme un créancier sérieux s'attache à un débiteur bohème, un chien sauvage à son maître rude. Dans le même temps, Rimbaud aime de moins en moins Verlaine, disciple geignard et rabâcheur. Par un mépris latent, par conviction de perdre désormais son temps avec cette Vierge folle qui regrette trop son couvent bourgeois, il ne cesse de dés-aimer ce faux frère de la Côte qui n'est plus qu'un pitoyable frère de misère dont même la bourse s'épuise.

Autrefois – est-ce déjà si loin ? – ils avaient vraiment communié dans les idées et dans les mots. Un dialogue intime s'était noué. La « Chanson de la plus haute tour » de Rimbaud :

> « Oisive jeunesse
> A tout asservie,
> Par délicatesse
> J'ai perdu ma vie. »

par la tonalité de son début, semble même cautionner fraternellement les vers poignants de *Sagesse* :

> *Dis, qu'as-tu fait, toi que voilà,*
> *De ta jeunesse* *

Une véritable osmose, parfois, s'est établie entre eux, qui leur fait saisir la vie sur un rythme analogue, porté sur des syllabes qui chuchotent et respirent ensemble. Pourtant, à y mieux regarder – et comment l'esprit vigilant de Rimbaud aurait-il pu s'en défendre ? – quelle différence d'optique spirituelle ! Rimbaud, s'il se plaint, rêve un instant, se concède une nostalgie, se plaint et médite *avant* l'événement possible, et ses poèmes lui tiennent lieu alors d'*avertissements*, que ce soit « le Pauvre songe » :

> ... « Et mourrai plus content :
> Puisque je suis patient ! »

ou, juste après l'examen de conscience du début, la deuxième strophe de la « Chanson de la plus haute tour » :

> « Je me suis dit : laisse,
> Et qu'on ne te voie :
> Et sans la promesse
> De plus hautes joies.
> Que rien ne t'arrête,
> Auguste retraite. »

Verlaine se plaint, gémit, ne se confie qu'*après*, tel Midas aux roseaux, comme si prendre acte de sa tristesse ou de son échec était un moyen de les excuser ou de les nier.

L'un des mots qui revient souvent dans les poésies de Rimbaud en ce renouveau de 1872, et pas seulement dans la série intitulée « Fêtes de la patience », c'est ce mot même de « patience », c'est-à-dire confiance et ferveur. Dans les lettres et les poèmes de Verlaine, c'est le mot *ennui*, c'est-à-dire imperméabilité au bonheur secret ou dénaturation du bonheur possible. Rimbaud pratique systématiquement une savante vocation au bonheur :

> « J'ai fait la magique étude
> Du bonheur, que nul n'élude... »

Verlaine se sent comme aimanté par la nécessité du malheur, et c'est le malheur – pas le bonheur! – qui le transfigurera provisoirement, puis l'apaisera. Tels parleront les deux premiers vers de *Sagesse* :

> *Bon chevalier masqué qui chevauche en silence,*
> *Le Malheur a percé mon vieux cœur de sa lance...*

Au début de leur entreprise, grâce au magique réglage rimbaldien, cette intense lumière frisante qui arrache en quelque sorte leur épiderme aux choses confère au poète un état d'hypnose lucide. Une simple plaque de foyer, « la plaque du foyer noir », reflète et devient « de profonds soleils de grève » ; dès le seuil de la maison, « sur la pente du talus, les anges tournent leur robe de laine dans les herbages d'acier et d'émeraude ». Trouvaille encore plus importante pour Verlaine, Rimbaud prétend avoir « trouvé quelque chose comme la clef de l'amour », et même « dévoiler tous les mystères », car il connaît les « puits des magies » et est passé « maître en fantasmagories ». Hélas, Verlaine admire, sympathise, s'enthousiasme, mais « suit » mal ou fugitivement. Le « lieu et la formule » cryptographiques que cherche fiévreusement Rimbaud et que son compagnon réclame sur-le-champ comme une mandragore, il manque justement à Verlaine la foi pour se les figurer, la force pour les conquérir ou les attendre, – et c'est là son drame.

Ce sont des textes de Rimbaud qui nous introduisent avec le plus de pénétration dans leur vie intime mutilée, leurs débats insolubles. L'un, « Vagabonds », tiré des « Illuminations », nous dépeint un Verlaine buté, plein de cauchemars, de chagrins vagues, un grognard et un traînard de la Grande Aventure. L'autre texte, inséré dans « Une saison en enfer », premier des « Délires », s'intitule « Vierge folle - L'Époux infernal » et Rimbaud, avec une impartialité hautaine et mélancolique, y enregistre la confession d'un Verlaine livré au bilan de sa détresse. Cette « vierge folle » se baptise déjà « une veuve », préludant ainsi aux *Mémoires d'un veuf*. En murmurant : « A côté de son cher corps endormi, que d'heures des nuits j'ai veillé... », elle rappelle les veillées anxieuses et tendres des « Vers pour être calomniés » :

> *Ce soir je m'étais penché sur ton sommeil.*
> *... Ah, misère de t'aimer, mon frêle amour.*

Elle éclaire les malentendus fondamentaux qui les séparent : « J'ai oublié tout mon devoir humain pour le suivre. Quelle vie! La vraie vie est absente... Il a peut-être des secrets pour *changer la vie* ? - Non, il ne fait qu'en chercher, me répliquais-je. Enfin, sa charité est ensorcelée, et j'en suis la prisonnière. » Et en une formule pathétique, l' « héroïne » décèle l'abîme infranchissable entre les âmes : « On voit son Ange, jamais l'Ange d'un autre – je crois... »

Déjà d'ailleurs, son compagnon, Messie qui ne peut s'attarder davantage, a décidé de partir plus loin évangéliser d'autres âmes, ce qui emplit Verlaine d'une angoisse panique. D'où, soudain, ce murmure : *Peut-être devrais-je m'adresser à Dieu. Je suis au plus profond de l'abîme, et je ne sais plus prier.*

Dès lors, la partie est jouée. L'aventure a cessé de distiller ses parfums pour sécréter ses poisons. C'est pour la longévité de leur couple terrestre, non plus pour son éternité mystique, que craint désormais le pauvre Verlaine quand il veille – précurseur de Proust au chevet d'Albertine – sur le sommeil où son amant s'enfuit : ce n'est plus en pèlerin de l'absolu. Susceptibilité exacerbée qui irrite l'impatience du voyant plus qu'elle n'amuse sa cruauté désabusée. Ce vieil enfant, qui a peur de l'ombre mais s'y plaît, décourage ce fils du Soleil. Rimbaud veut bien feindre de croire au Démon, mais pour se l'expliquer et s'en asservir l'idée. Verlaine mêle déjà au plus intime de leurs caresses des hantises chrétiennes d'incubat et de succubat :

Je suis élu, je suis damné !
Un grand souffle inconnu m'entoure
O terreur ! Parce, Domine !

           – crie « le Bon Disciple »...
Et le reste ne fut plus que prétexte. Depuis longtemps

La misère aussi faisait rage
Par des fois dans le phalanstère :
On ripostait par le courage,
La joie et les pommes de terre...

         – confesse le poème
Læti et Errabundi.

A Londres, ce 3 juillet 1873, les pommes de terre avaient été remplacées ou complétées par un hareng que Verlaine, dévouée bonne à tout faire, rapportait du marché avec une bouteille d'huile. Au lieu de le remercier, Rimbaud lui jette gracieusement de la fenêtre : « Ce que tu as l'air con! » Verlaine entre dans ce que l'on nomme une « colère blanche ». Il s'enquiert du plus proche départ, s'embarque pour la Belgique et, pour s'expliquer, adresse une lettre à Rimbaud où il précise : *tu dois,* au fond, *comprendre, enfin, qu'il me fallait absolument partir, que cette vie violente et toute de* scènes *sans motif que ta fantaisie ne pouvait m'aller foutre plus!*

Rimbaud, seul et sans le sou, envoie à Verlaine trois lettres successives, de tendre supplication (« Voilà deux jours que je ne cesse de pleurer. Reviens... »), puis de roide dialectique : « Crois-tu que ta vie sera plus agréable avec d'autres que moi! Réfléchis-y! – Ah! certes non! – Avec moi seul tu peux être libre... Tu fais un crime, et tu t'en repentiras de longues années par la perte de toute liberté et des ennuis plus atroces que tous ceux que tu as éprouvés... » En attendant, il faut bien vivre, et il vend les habits de Verlaine au fripier.

Le 8 juillet, Verlaine, qui a essayé entre-temps de rameuter sa femme et sa mère par une lettre circulaire où il menace de se tuer, télégraphie à Rimbaud de venir le rejoindre à Bruxelles où seule Mme Verlaine mère est accourue. Le soir même, Rimbaud est là. Suprême pitié ou désir d'une dernière explication? Pour lui, cette saison en enfer est bien passée, n'offre plus ni mystère ni prestige : il n'a qu'une hâte, partir pour Paris afin d'y continuer son expérience de la Vie.

Ce qui fut dit et se passa jusqu'au crépuscule du 10 juillet, aucun tiers ne l'a évidemment su au juste ; mais il est trop aisé de le deviner. Dès le petit matin du 10, la journée promet d'être accablante. L'air tremble de chaleur. Buvant absinthe sur absinthe, Verlaine déambule et discute avec Rimbaud. Dialogue harassant et stérile : l'un invoque inlassablement le souvenir, l'autre ne parle impatiemment que de son avenir à lui. Voici, sur la conclusion de ces instants torrides, un récit fait par Verlaine lui-même à un jeune poète symboliste qui s'adonnait au journalisme : Adolphe Retté. Ces confidences frappent au cœur : outre qu'elles sont à peu près inconnues, elles jaillissent d'un coup, spontanées, au moment où le bruit a couru prématurément de la mort de Rimbaud en Abyssinie :

« Verlaine est une fois de plus à l'hôpital... *Non*, murmura-t-il, *je n'ai besoin de rien... Ce qui me pèse, en ce moment, ce ne sont point les soucis matériels, ce sont mes rêves... Depuis la mort de Rimbaud, je le revois toutes les nuits.*

> *...Mort, vous,*
> *Toi, dieu parmi les demi-dieux !*
> *Ceux qui le disent sont des fous !*
> *Mort, mon grand péché radieux...*

« Comme s'il devinait que je pensais à ces vers poignants, Verlaine reprit d'une voix âpre, en me fixant de ses yeux de diamant noir : *Je ne puis pas accepter cette mort. Voilà bien des années que nous ne nous étions vus, mais Rimbaud, son art et son visage, rayonnaient toujours au fond de mon esprit.*

« - Parlez-moi de lui, dis-je, cela vous soulagera.

« Alors, Verlaine, sans transition : *Je nous revois à Bruxelles, dans cet hôtel borgne de la rue Pachéco où nous étions descendus. J'étais assis sur le pied du lit. Lui debout, près de la porte, croisait les bras et me défiait par toute son attitude. Ah! la méchanceté, la flamme cruelle de ses yeux d'archange damné! Je lui avais tout dit pour qu'il restât avec moi. Mais il voulait partir et je sentais que rien ne le ferait revenir sur sa décision.*

« *Ma pauvre mère, accourue de Paris pour tenter de me ramener auprès de ma femme et de mon enfant, était là aussi. Elle voyait que j'étais hors de moi et, sans parler, elle me posa sa main sur l'épaule afin de me contenir.*

« *Nous restons peut-être cinq minutes, Rimbaud et moi, à nous dévorer du regard. A la fin, Rimbaud se détourna :* Je m'en vais, *dit-il. Et, gagnant le couloir, il descendit l'escalier quatre à quatre. J'écoutais les marches craquer sous ses bonds. Je haletais, je voyais rouge : il me semblait qu'il emportait ma cervelle et mon cœur.*

« *Quand je ne l'entendis plus, ce fut comme une tempête en moi. Je me dis que, dussé-je le reprendre de force, il fallait le rattraper et l'enfermer dans la chambre. Je me dressai et courus vers la porte. Ma mère voulut me barrer le passage :* Paul, *supplia-t-elle,* tu es fou, reviens à toi, pense aux tiens! *Mais la colère m'emportait. Je la bousculai en criant je ne sais quelles injures. Comme elle essayait de me barrer le passage, je l'écartai d'un mouvement si brusque qu'elle se cogna le front contre le chambranle. Ah! je sais bien, cela paraît sauvage. Mais j'avais perdu la tête, j'aurais tout tué pour ravoir Rimbaud.*

« *Je dégringolai l'escalier. Dans la rue, je vis Rimbaud qui suivait le trottoir vers le boulevard Botanique. Il marchait lentement et avait l'air indécis. Je le rattrape et je lui dis :* Il faut que tu reviennes, ou, prends garde, cela tournera mal.

« *–* Fous-moi la paix, *me répond-il sans me regarder. Alors je me sens comme fou. Je me dis qu'il n'y a plus qu'à le tuer. Je prends le revolver que je portais toujours dans ma poche et je tire deux fois. Rimbaud tombe... Des gens me saisissent... et voilà.*

« Verlaine avait parlé sourdement. Sa poitrine se soulevait comme s'il retenait des sanglots. Je compris qu'il lui était salutaire, en ce moment, de donner leur plein essor à ses souvenirs.

« Une fois en prison, lui dis-je, quand vous avez appris que la blessure de Rimbaud était légère, en avez-vous été content ?

« *Non,* répondit tout de suite Verlaine, *ma rage de l'avoir perdu était telle que j'aurais voulu le savoir anéanti. C'est plus tard, dans ma cellule de Mons, puis quand je fus remis en liberté, que j'ai pensé à lui avec quelque douceur... Et encore non : ce n'est pas avec douceur. Il y avait dans ce garçon une séduction démoniaque. La mémoire des jours que nous avions dépensés à errer sur les routes, à nous griser d'art frénétique, me revenait comme une houle chargée de parfums atrocement délicieux.*

« ... Vous écriviez, l'autre jour, que Rimbaud était une légende. Au point de vue de la littérature vous aviez sans doute raison. Mais pour moi, Rimbaud est une réalité toujours vivante, un soleil qui flambe en moi, qui ne veut pas s'éteindre... C'est pourquoi je rêve de lui toutes les nuits. »

L'œil de la police. Dessin de Verlaine.

Après son geste impulsif, Verlaine avait été enfermé préventivement à la prison des Petits-Carmes, sous l'inculpation de tentative d'assassinat. Malgré le désistement de Rimbaud, le 19 juillet, et sa renonciation à toute plainte, la vindicte publique suivit son cours. La présomption d'homosexualité, fondée sur des indices de diverse nature, fut déterminante dans l'extrême sévérité du verdict : pour cette égratignure au poignet, Verlaine fut condamné, le 8 août 1873, à deux ans de prison ferme. Cette peine correctionnelle fut confirmée en appel dès la fin du mois. Après deux mois encore d'attente aux Petits-Carmes de Bruxelles, une cellule de la prison provinciale de Mons se referma le 25 octobre sur un passé qui ne permettait plus à l'âme que l'accablement ou la fuite en avant... Tout est provisoirement clos sur le plan terrestre : c'est le moment des bilans. Faisons le sien.

Rimbaud avait été requis d'être *tout*, c'est-à-dire trop et surtout trop vite. Puis, par un mélange d'exigence et de faiblesse, Verlaine a cru éprouver, au sein même de l'extraordinaire, la vérité amère de ce mot de Tourgueniev : « Ce qu'il y a de terrible, c'est qu'il n'y a rien de terrible... » Qu'a-t-il acquis en définitive ? Beaucoup, mais seulement à terme.

Contrairement à une opinion souvent émise, l'influence *immédiate* de Rimbaud sur l'univers profond de Verlaine, sa compréhension poétique du monde, n'apparaît ni éclatante ni vaste. Les *Romances sans paroles* sont vouées pour la moitié à des poèmes d'amour romantique et hantées par un fantôme féminin obsessif et exécré, au moins autant que par l'ombre de Rimbaud ou sa mystique. Invoquer sur ce point les seules convenances ou la censure de la prudence ne sert de rien, car (sauf deux poèmes érotiques) Verlaine a collationné minutieusement et livré à Lepelletier ce qu'il avait, lui, en portefeuille. En écrivant à Émile Blémont, il analyse avec précision le contenu de son œuvre à paraître : *Mon petit volume est intitulé* : Romances sans paroles ; *une dizaine de petits poèmes pourraient, en effet, se dénommer* : Mauvaise Chanson. *Mais l'ensemble est une série d'impressions vagues, tristes et gaies, avec un peu de pittoresque presque naïf : ainsi les* Paysages belges. Viendront s'y ajouter quatre poèmes « anglais » d'atmosphère ou d'inspiration. S'il évoque de temps à autre, dans ses lettres à Lepelletier, en termes vagues, un nouveau « système » poétique révolutionnaire, c'est pour en remettre l'application à plus tard : les premiers vers auxquels il s'y réfère ne seront envoyés à Lepelletier que de la prison de Mons : *Mon Almanach pour 1874*.

Certes, on pourra souligner certains frissons inattendus qui courent au ras ou au creux de certains vers ; ici et là, une nouvelle machinerie des rythmes et de leurs ruptures ; un emploi savamment déconcertant du vers impair (encore que Verlaine le doive à Marceline Desbordes-Valmore, non à Rimbaud). Ainsi, dans un poème comme :

Le Chant de la Pluie

de la Pluie

Poésie
de
Paul Verlaine

Musique de
Anatole Tancel

Il pleure dans mon cœur
Comme il pleut sur la ville
Quelle est cette langueur
Qui pénètre mon cœur ?

O bruit doux de la pluie
Par terre et sur les toits !
Pour un cœur qui s'ennuie,
O le chant de la pluie !

Il pleure sans raison
Dans ce cœur qui s'écœure.
Quoi ! nulle trahison ?
Ce deuil est sans raison.

C'est bien la pire peine
De ne savoir pourquoi,
Sans amour et sans haine,
Mon cœur a tant de peine.

– dont l'image première vient peut-être d'une réminiscence de ces réflexions de Victor Hugo dans « le Rhin » : « ... Par malheur, j'étais dans une de ces situations d'âme que vous connaissez sans doute, où l'on n'a *aucune raison d'être triste et aucun motif d'être gai*... où tout est gris et blafard au-dedans comme au-dehors. Il faisait en moi le même temps que dans la rue et, si vous me permettez la métaphore, je dirais qu'*il pleuvait dans mon esprit*... » ; dans ce poème conçu pour faire entendre le lent clapotis de l'ennui par la répétition lancinante de syllabes qui chutent goutte à goutte, on perçoit en outre le recours à des jeux d'orgues intérieurs, des appels de timbre en sourdine sur deux notes principales, avec des échos secondaires qui se répondent irrégulièrement dans la pénombre du vers, ou d'un vers proche à un vers lointain *(ce cœur qui s'écœure... toits... pourquoi...)*, et dont le sortilège´ faussement naïf est bien autrement efficace que celui des rimes régulières...

Cet exemple acquis, faut-il méconnaître pour autant l'évolution autonome et presque continue de Verlaine avant les *Romances sans paroles* ?

Vers les ramures grises
Le chœur des petites voix

de la première des *Ariettes oubliées* ne doit pas faire oublier que, dans *la Lune blanche* de *la Bonne Chanson* :

> De chaque branche
> Part une voix
> Sous la ramée...

Trois ou quatre essais poétiques mis à part et hors de pair pour leur perfection et leur sens de l'intimité avec l'âme des choses, ira-t-on jusqu'à dire que, dans ces *Romances sans paroles*, Verlaine a manifesté une mutation brusque ?

Sur le plan spirituel, il est vrai, un poème pouvait la laisser présager, et c'est celui dont on ne parle jamais : le poème *final* des *Romances*, *Beams*, où Verlaine décrit le miracle d'une femme ou d'une jeune fille, anonyme et radieuse, qui abandonne le pont du bateau pour marcher sur la mer, tandis que la suivent sans peine ni surprise tous ceux qui ont foi en elle... *Passage tout uni du naturel au surnaturel.*

> Elle voulut aller sur les flots de la mer,
> Et comme un vent bénin soufflait une embellie,
> Nous nous prêtâmes tous à sa belle folie,
> Et nous voilà marchant par le chemin amer.
>
> Le soleil luisait haut dans le ciel calme et lisse,
> Et dans ses cheveux blonds c'étaient des rayons d'or,
> Si bien que nous suivions son pas plus calme encor
> Que le déroulement des vagues, ô délice !
>
> Des oiseaux blancs volaient alentour mollement
> Et des voiles au loin s'inclinaient toutes blanches.
> Parfois de grands varechs filaient en longues branches,
> Nos pieds glissaient d'un pur et large mouvement.
>
> Elle se retourna, doucement inquiète
> De ne nous croire pas pleinement rassurés,
> Mais nous voyant joyeux d'être ses préférés,
> Elle reprit sa route et portait haut la tête.

> (Douvres-Ostende, à bord de la
> « Comtesse-de-Flandre », 4 avril 1873.)

Pourtant, si Verlaine le *dit* ici pour la première fois, à plusieurs reprises déjà, en se cachant des autres et peut-être de lui-même, il avait trahi son intérêt pour les communications

Détail d'une illustration de Steinlen

possibles entre la réalité brute et la surréalité. Avec quelle étonnante nouveauté l'auteur des *Poèmes saturniens* n'avait-il pas, grâce à son *Rossignol,* pensé et réussi à transposer en poésie, d'après de simples notations de Baudelaire, le surréalisme hallucinatoire que provoque le haschich! Peut-on oublier, dans le même recueil, l'originalité du *Crépuscule du soir mystique* où il avait voulu et su appliquer à un état de pénétration poétique l'extase* proprement mystique décrite par sainte Thérèse d'Avila? *En avance sur lui-même,* Verlaine ne l'était-il pas quand il écrivait dès 1868 cette *Allégorie* dont l'hallucination consciente, aux confins du sommeil et du rêve initiatique, prélude à celle de *Kaléidoscope*?

Pourtant, il y eut mutation et transfiguration, mais souterraines. C'est par l'amour dévié que Verlaine s'en va dans l'ombre au sens d'un autre Amour. S'unir totalement à un autre être, corps et âme, comme Verlaine l'a fait avec Rimbaud – ou comme il s'est éperdument persuadé de le faire, ce qui revient ici au même — c'était enfin se dépasser lui-même... Par l'intermédiaire de l'extase, crevant le mur des sens, l'élan sublimé du corps, projetant au-delà de son horizon l'être délivré de sa pesanteur, peut aller fugitivement jusqu'à retrouver, et atteindre, l'âme cachée derrière le versant. Et, dans cette communion, balbutier le secret poétique entrevu par tous les mystiques, de la sibylle d'Endor à Baudelaire.

Aimer pleinement, c'est *chercher, sentir une essence à travers une présence.* Verlaine en a eu l'intuition, mais elle n'a pas dépassé l'élan d'un instant. C'est encore au ras du vers que passent et repassent les mots et idées d'*Enfer,* d'*âme,* d'*immortalité.* Mais par l'effet d'une incubation spirituelle arrivée à *son* terme, l'ascendant de Rimbaud va redevenir cependant la source résurgente d'une vie supérieure pour la poétique, d'une *autre* vie pour l'âme. A un drame fondé sur le mirage d'un faux paradis terrestre succéderont bientôt le désespoir, puis la rédemption d'un vrai Paradis situé hors la terre... Verlaine ne peut ni l'éprouver ni le savoir immédiatement. Il ne l'éprouvera qu'après la rupture de l'action. Il ne le *saura* qu'un peu plus tard encore.

1. MATHILDE... ET ÉLISA

La lune blanche
Luit dans les bois ;
De chaque branche
Part une voix
Sous la ramée...

O bien-aimée.

L'étang reflète,
Profond miroir,
La silhouette
Du saule noir
Où le vent pleure...

Rêvons, c'est l'heure.

Un vaste et tendre
Apaisement
Semble descendre
Du firmament
Que l'astre irise...

C'est l'heure exquise.
(la Bonne Chanson.)

Le piano que baise une main frêle
Luit dans le soir rose et gris vaguement,
Tandis qu'avec un très léger bruit d'aile
Un air bien vieux, bien faible et bien charmant
Rôde discret, épeuré quasiment,
Par le boudoir longtemps parfumé d'Elle.

Qu'est-ce que c'est que ce berceau soudain
Qui lentement dorlote mon pauvre être ?
Que voudrais-tu de moi, doux Chant badin ?
Qu'as-tu voulu, fin refrain incertain
Qui vas tantôt mourir vers la fenêtre
Ouverte un peu sur le petit jardin ?

(Romances sans paroles : Ariettes oubliées, 1872.)

Green

Voici des fruits, des fleurs, des feuilles et des branches
Et puis voici mon cœur qui ne bat que pour vous.
Ne le déchirez pas avec vos deux mains blanches
Et qu'à vos yeux si beaux l'humble présent soit doux.

J'arrive tout couvert encore de rosée
Que le vent du matin vient glacer à mon front.
Souffrez que ma fatigue à vos pieds reposée
Rêve des chers instants qui la délasseront.

Sur votre jeune sein laissez rouler ma tête
Toute sonore encor de vos derniers baisers ;
Laissez-la s'apaiser de la bonne tempête,
Et que je dorme un peu puisque vous reposez.

(Romances sans paroles : Aquarelles.)

L'espoir luit comme un brin de paille dans l'étable.
Que crains-tu de la guêpe ivre de son vol fou ?
Vois, le soleil toujours poudroie à quelque trou.
Que ne t'endormais-tu, le coude sur la table ?

Pauvre âme pâle, au moins cette eau du puits glacé,
Bois-la. Puis dors après. Allons, tu vois, je reste,
Et je dorloterai les rêves de ta sieste,
Et tu chantonneras comme un enfant bercé.

Midi sonne. De grâce, éloignez-vous, madame.
Il dort. C'est étonnant comme les pas de femme
Résonnent au cerveau des pauvres malheureux.

Midi sonne. J'ai fait arroser dans la chambre.
Va, dors! L'espoir luit comme un caillou dans un creux.
Ah, quand refleuriront les roses de septembre!

(Sagesse, 1873.)

II. RIMBAUD

Vers pour être calomnié

Ce soir je m'étais penché sur ton sommeil.
Tout ton corps dormait chaste sur l'humble lit,
Et j'ai vu, comme un qui s'applique et qui lit,
Ah! j'ai vu que tout est vain sous le soleil!

Qu'on vive, ô quelle délicate merveille,
Tant notre appareil est une fleur qui plie!
O pensée aboutissant à la folie!
Va, pauvre, dors! moi, l'effroi pour toi m'éveille.

Ah! misère de t'aimer, mon frêle amour
Qui vas respirant comme on expire un jour!
O regard fermé que la mort fera tel!

O bouche qui ris en songe sur ma bouche,
En attendant l'autre rire plus farouche!
Vite, éveille-toi. Dis, l'âme est immortelle?

(*Jadis et Naguère*, janvier 1872.)

Le vent dans la plaine
Suspend son haleine.
FAVART

C'est l'extase langoureuse,
C'est la fatigue amoureuse,
C'est tous les frissons des bois
Parmi l'étreinte des brises,
C'est, vers les ramures grises,
Le chœur des petites voix.

O le frêle et frais murmure!
Cela gazouille et susurre,
Cela ressemble au cri doux
Que l'herbe agitée expire...
Tu dirais, sous l'eau qui vire,
Le roulis sourd des cailloux.

Cette âme qui se lamente
En cette plainte dormante
C'est la nôtre, n'est-ce pas?
La mienne, dis, et la tienne,
Dont s'exhale l'humble antienne
Par ce tiède soir, tout bas?

(*Romances sans paroles* : Ariettes oubliées,
printemps 1872.)

Bruxelles

CHEVAUX DE BOIS

> Par saint Gille,
> Viens-nous-en,
> Mon agile
> Alezan !
>
> V. HUGO

Tournez, tournez, bons chevaux de bois,
Tournez cent tours, tournez mille tours,
Tournez souvent et tournez toujours,
Tournez, tournez au son des hautbois.

Le gros soldat, la plus grosse bonne
Sont sur vos dos comme dans leur chambre,
Car en ce jour au bois de la Cambre
Les maîtres sont tous deux en personne.

Tournez, tournez, chevaux de leur cœur,
Tandis qu'autour de tous vos tournois
Clignote l'œil du filou sournois,
Tournez au son du piston vainqueur.

C'est ravissant comme ça vous soûle
D'aller ainsi dans ce cirque bête :
Bien dans le ventre et mal dans la tête,
Du mal en masse et du bien en foule.

Tournez, tournez sans qu'il soit besoin
D'user jamais de nuls éperons
Pour commander à vos galops ronds,
Tournez, tournez, sans espoir de foin.

Et dépêchez, chevaux de leur âme :
Déjà voici que la nuit qui tombe
Va réunir pigeon et colombe
Loin de la foire et loin de madame.

Tournez, tournez ! le ciel en velours
D'astres en or se vêt lentement.
Voici partir l'amante et l'amant.
Tournez au son joyeux des tambours !

(*Romances sans paroles* : Paysages belges.
Champ de foire de Saint-Gilles, août 72.)

Invocation

Chair! O seul fruit mordu des vergers d'ici-bas,
Fruit âcrement sucré qui jutes aux dents seules
Des affamés du seul Amour, – bouches ou gueules,
Que fait ? – O Chair! dessert des forts et leur repas!

Amour! L'unique émoi de ceux que n'émeut pas
L'horreur de vivre, Amour qui blutes, sous tes meules,
Les scrupules des libertins et des bégueules
Pour le pain des Damnés qu'élisent les Sabbats!

Chair! Amour! ô *tous les appétits* vers l'Absence,
Toute la délirance et toute l'innocence,
Toi qui nous es si bonne et toi qui m'es si cher,

Je vous supplie, et je vous défie, et je pleure
Et je ris de connaître, en ignorant qu'épeure
Le doute, votre énigme effroyable, Amour, Chair.

(Mai 1873.)

Hiver

Ah! vraiment c'est triste, ah! vraiment ça finit trop mal.
Il n'est pas permis d'être à ce point infortuné.
Ah! vraiment c'est trop la mort du naïf animal
Qui voit tout son sang couler sous son regard fané.

Londres fume et crie. O quelle ville de la Bible!
Le gaz flambe et nage et les enseignes sont vermeilles.
Et les maisons dans leur ratatinement terrible
Épouvantent comme un sénat de petites vieilles.

Tout l'affreux passé saute, piaule, miaule et glapit
Dans le brouillard rose et jaune et sale des Sohos
Avec des *indeeds* et des *all rights* et des *haôs*.

Non vraiment c'est trop un martyre sans espérance,
Non vraiment cela finit trop mal, vraiment c'est triste :
O le feu du ciel sur cette ville de la Bible!

(*Jadis et Naguère* : Sonnet boiteux, septembre (?) 1873.)

Kaléidoscope

Dans une rue, au cœur d'une ville de rêve,
Ce sera comme quand on a déjà vécu :
Un instant à la fois très vague et très aigu...
O ce soleil parmi la brume qui se lève !

O ce cri sur la mer, cette voix dans les bois !
Ce sera comme quand on ignore des causes ;
Un lent réveil après bien des métempsychoses :
Les choses seront plus les mêmes qu'autrefois

Dans cette rue, au cœur de la ville magique
Où des orgues moudront des gigues dans les soirs,
Où les cafés auront des chats sur les dressoirs,
Et que traverseront des bandes de musique.

Ce sera si fatal qu'on en croira mourir :
Des larmes ruisselant douces le long des joues,
Des rires sanglotés dans le fracas des roues,
Des invocations à la mort de venir,

Des mots anciens comme un bouquet de fleurs fanées !
Des bruits aigres de bals publics arriveront,
Et des veuves avec du cuivre après leur front,
Paysannes, fendront la foule des traînées

Qui flânent là, causant avec d'affreux moutards
Et des vieux sans sourcils que la dartre enfarine,
Cependant qu'à deux pas, dans des senteurs d'urine,
Quelque fête publique enverra des pétards.

Ce sera comme quand on rêve et qu'on s'éveille !
Et que l'on se rendort et que l'on rêve encor
De la même féerie et du même décor,
L'été, dans l'herbe, au bruit moiré d'un vol d'abeille.

(Jadis et Naguère, octobre 1873.)

There (Fragment)

« Angels »! seul coin luisant dans ce Londres du soir,
Où flambe un peu de gaz et jase quelque foule,
C'est drôle que, semblable à tel très dur espoir,
Ton souvenir m'obsède et puissamment enroule
Autour de mon esprit un regret rouge et noir :

Devantures, chansons, omnibus et les danses
Dans le demi-brouillard où flue un goût de rhum,
Décence, toutefois, le souci des cadences,
Et même dans l'ivresse un certain décorum,
Jusqu'à l'heure où la brume et la nuit se font denses.

« Angels »! jours déjà loin, soleils morts, flots taris,
Mes vieux péchés longtemps ont rôdé par tes voies,
Tout soudain rougissant, misère! et tout surpris
De se plaire vraiment à tes honnêtes joies,
Eux, pour tout le contraire arrivés de Paris!...

(*Amour*, 1881.)

Détail d'une pointe sèche de Valentine Hugo pour « les Poètes de sept ans », 1939.

A Arthur Rimbaud

Mortel, ange ET démon, autant dire Rimbaud,
Tu mérites la prime place en ce mien livre,
Bien que tel sot grimaud t'ait traité de ribaud
Imberbe et de monstre en herbe et de potache ivre.

Les spirales d'encens et les accords de luth
Signalent ton entrée au temple de mémoire
Et ton nom radieux chantera dans la gloire,
Parce que tu m'aimas ainsi qu'il le fallut.

Les femmes te verront grand jeune homme très fort,
Très beau d'une beauté paysanne et rusée,
Très désirable, d'une indolence qu'osée!

L'histoire t'a sculpté triomphant de la mort
Et jusqu'aux purs excès jouissant de la vie,
Tes pieds blancs posés sur la tête de l'Envie!

(*Dédicaces*, 1889.)

« *Tournez, Samsons sans Dalila,*
Sans Philistin,
Tournez bien la
Meule au destin... »

...L'Enfer, c'est l'Absence.
(Amoureuse du Diable.)
Lamentable ami qui me cherches où je suis...
(Sagesse.)

UNE POÉTIQUE DU DÉSESPOIR

On a parfois incliné à reconstituer l'évolution psychologique de Verlaine après sa condamnation en des termes qui paraissent s'enchaîner aussi vite que logiquement : prison + repentir + conversion (réelle ou imaginaire) + un ensemble de poèmes religieux en un recueil bien nommé, *Sagesse*. C'est un raccourci trop simpliste pour correspondre aux données. Sans être du tout moins belle ou surprenante, cette mutation, telle que nous pouvons l'approcher par les textes, fut plus complexe. Il est rare que la fatalité emploie des lignes droites ; encore moins la « grâce »...

Considérons Verlaine dans le tohu-bohu de sa nouvelle existence de paria, alors qu'il s'est soudain retrouvé au creux d'un cachot où il n'a encore cuvé ni son absinthe, ni son mauvais rêve. Chez cet homme ballotté de malheurs en illusions, de souvenirs en rechutes, d'éclaircies en désespoirs, comment y aurait-il place déjà pour une forme de repentir qui ne serait qu'un sentiment dépressif tourné vers le passé ? Hébété, dira-t-il, il se retourne au contraire avec un courage admirable comme ces bêtes renversées sur le dos et qui avaient fait provisoirement les mortes. Pour se prouver à lui-même, pour prouver l'avenir, pour justifier le passé et sublimer l'incohérence temporaire du présent, le poète se remet à écrire. Quant à aimer, il n'a jamais cessé, et la frénésie de sa rage, qui l'a d'abord étouffé, le pousse à transfigurer pour les garder intactes sa force et sa lumière. Son geste contre Rimbaud, il l'assume parfaitement, comme un acte purement privé, partie d'un compte passionnel toujours ouvert et non apuré où, après tout, les multiples coups de couteau naguère acceptés le laissent, lui, largement débiteur envers son ami. Les « récits diaboliques » qu'il va rédiger durant une partie de son temps de prévention, – non seulement l'image, le souvenir, l'idéalisation de Rimbaud les animent encore, mais Verlaine n'a de cesse que Rimbaud puisse les posséder aussitôt par des voies clandestines, comme une preuve indéfectible de vertu poétique et de soumission.

Le religion ? Il n'en voit, dans ses premières misères, que le caporalisme et la parodie. Au Dépôt, l'adjudant *fait le signe de la croix et d'une voix terrible :* Benedicite ! *Tous répondent, sauf moi qui avais depuis longtemps oublié cette liturgie comme toutes les autres :* Dominus ! – *et l'adjudant de reprendre plus farouchement encore :* Nos et ea quae sumus sumpturi benedicat dextera Christi. *Tous, dont moi, cette fois :* Amen. Au mur de la chambre correctionnelle où l'on dépêche son affaire pend *un Christ dartreux qui paraissait se faire des cheveux trop longs et n'avoir été perché en ce lieu que pour regarder les prévenus*

D'un air fâché.

Gouaille, tristesse, ruse, blasphème, défi, espoir sans cause, remâchement, évasion dans les rêves et refuge dans les petites choses : tels sont apparemment les sentiments cycliques de Verlaine – ceux de tout prisonnier.

Si l'instinct de conservation tend à défendre l'âme contre ses ennemis et contre elle-même au besoin, la chronologie la plus vraisemblable des œuvres écrites en prison atteste les terribles oscillations dont Verlaine est alors victime : génie courageux qui enregistre les désespoirs pour les désarmer et qui s'est fait l'administrateur poétique de ses délires.

De juillet à octobre 1873, avant la longue hibernation qui précède l'*Art poétique*, puis le printemps de la « grâce »,

Verlaine a écrit deux séries de poèmes : les uns, généralement nommés *Récits diaboliques*, sont un ensemble cohérent et figurent une espèce de *grille* sous laquelle apparaît Rimbaud ; d'autres *(Cellulairement)*, témoignages successifs, délivrances de moments isolés, d'impressions suffocantes, de souvenirs impérieux, sont pourtant liés par leur commune détresse, tantôt analysée, tantôt assumée, et même reconvertie par une magie appropriée.

Mis au point dans la solitude conseillère de la prison préventive, les centaines de vers des *Récits diaboliques* (et surtout des trois premiers : *Crimen Amoris, la Grâce,* l'*Impénitence finale*) se résument en quelque sorte à un testament psychologique de la vie essentielle avec Rimbaud. Qu'importent ici les influences ou les incitations diffuses de Vigny, Musset ou Baudelaire! Ces thèmes, Verlaine les transforme en se les incorporant. Quand, en proie à une hallucination extatique qui lui permet de relier comme il le veut la félicité de naguère au sinistre présent, Verlaine évoque avec ivresse, en allusions à peine ésotériques, des détails intimes, ou quand il reprend, comme malgré lui, les thèmes de fraternité invincible et intemporelle, c'est qu'il renouvelle d'abord à son maître son allégeance. Sous un masque, c'est la proche histoire de leur couple, cet amour de l'*Impénitence finale* devant lequel

> *déjà rit et bavarde*
> *Le monde hostile et qui sévirait au besoin.*
> *Ah ! que l'aise de l'autre intrigue se fait loin !*
> *Tout le cœur est éclos en une fleur suprême.*
> *Ah ! c'est bon ! et l'on jette à ce feu tout remords,*
> *On ne vit que pour lui, tous autres soins sont morts,*
> *On est à lui, on n'est qu'à lui, c'est pour la vie,*
> *Ce sera pour après la vie et l'on défie*
> *Les lois humaines et divines, car on est*
> *Folle de corps et d'âme, et l'on ne reconnaît*
> *Plus rien et l'on ne sait plus rien, sinon qu'on l'aime !*

Mais quand, dans *Crimen Amoris*, Verlaine crie son défi aux valeurs métaphysiques conventionnelles, et même au dilemme manichéen, puisqu'il suppose la fusion du Paradis et de

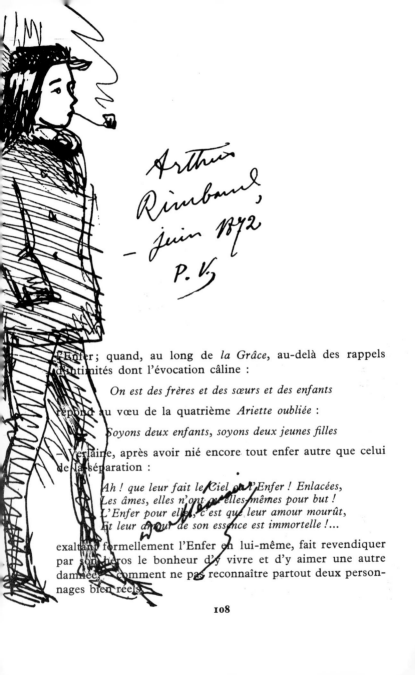

Arthur
Rimbaud,
— juin 1872
P. V.

l'Enfer ; quand, au long de *la Grâce*, au-delà des rappels d'intimités dont l'évocation câline :

> *On est des frères et des sœurs et des enfants*

répond au vœu de la quatrième *Ariette oubliée* :

> *Soyons deux enfants, soyons deux jeunes filles*

— Verlaine, après avoir nié encore tout enfer autre que celui de la séparation :

> *Ah ! que leur fait le Ciel ou l'Enfer ! Enlacées,*
> *Les âmes, elles n'ont qu'elles-mêmes pour but !*
> *L'Enfer pour elles, c'est que leur amour mourût,*
> *Et leur amour de son essence est immortelle !...*

exaltant formellement l'Enfer en lui-même, fait revendiquer par son héros le bonheur d'y vivre et d'y aimer une autre damnée. Comment ne pas reconnaître partout deux personnages bien réels,

> *Et ces réveils francs, clairs, riants, vers l'aventure*
> *De fiers damnés d'un plus magnifique sabbat !*

du poème *Parallèlement,*

> *Ces passions qu'eux seuls nomment encore amours,*

et les échos nostalgiques de déclarations encore toutes proches ? Comment, surtout, ne pas voir dans cette exaltation d'un Enfer systématiquement invoqué et comme imploré, un désir de se réhabiliter auprès de celui qui décrivait leur Aventure comme une étape essentielle de sa *saison en enfer,* raillant souverainement la « pauvre âme » verlainienne trop pusillanime pour l'y accompagner sans regret ni faiblesse ?

Plus qu'elle ne pardonne, la victime s'excuse indirectement en adoptant les positions spirituelles de celui qui est responsable de son malheur temporel. Davantage encore : si Verlaine cherche à sublimer sa dure aventure sur le plan romantique et métaphysique, c'est pour se la justifier coûte que coûte. Et c'est enfin pour résister : pour se réfugier, hors d'atteinte, au cœur de cette éternité que Rimbaud criait naguère avoir retrouvée, et qui doit maintenant servir d'antidote à l'éternité hallucinante de la prison :

> *On pleure d'une intime et profonde allégresse,*
> *On est les cieux, on est la terre, enfin on cesse*
> *De vivre et de sentir pour s'aimer au-delà,*
> *Et c'est l'éternité que je t'offre : prends-la !*

Prescience blasphématoire de ce sens de l'éternel dont l'âme douloureuse connaîtra plus tard les fruits. Mais tentative précaire, tant les hontes de la réalité réclament.

En dehors de ces récits, ce que Verlaine compose en prison sous la pression d'une nécessité dont il lui faut désarmer la cruauté en la transformant en musique ou en féerie, ce sont de petits poèmes : choses vues et choses nues, « choses crépusculaires », « visions de fin de nuit » morale dont le poète dégradé – mais non déchu – se soumet les insultes et les menaces en faisant, de ce purgatoire du cœur, des fêtes de l'oreille et de l'âme.

« Passez gais voyageurs, sans regarder la chose,
sans guigner le Castel, passez gais troubadours... »
Dessin de Germain Nouveau.

*Prison de Mons. Paul Verlaine détenu
sous le n° 274 y occupait la cellule n° 2.*

Un matin de son incarcération, durant la promenade des détenus, Verlaine a été soudain frappé par la vision de l'enfer social tel que l'éprouvera plus tard Oscar Wilde à Reading. Enfer qui, dans sa benoîte simplicité, cumule les supplices des enfers anciens et de l'enfer tel que l'a décrit d'Aubigné dans ses « Tragiques » : immuabilité du temps, besogne vaine, mouvement sans progression – supplice de la noria, du cheval aveugle, de l'esclave sans amour.

Les vers, d'emblée, sont accablants, surtout si l'on pense à en comparer l'élan avec celui des chevaux de bois d'il y a si peu de temps, dans le bastringue féerique des champs de foire :

> Tournez, tournez ! le ciel en velours
> D'astres en velours se vêt lentement.
> Voici partir l'amante et l'amant...

et maintenant :

> Tournez, Samsons sans Dalila,
> Sans Philistin,
> Tournez bien la
> Meule au destin.
> Vaincu risible de la loi,
> Mouds tour à tour
> Ton cœur, ta foi
> Et ton amour !

Constatation démoralisante sur laquelle il ne s'attarde pas, se bornant à intituler son poème *Rengaines prisonnières* ; situation morale contre laquelle il va dresser au contraire toutes ses ressources techniques et spirituelles, mais dont cependant, quelques mois plus tard, la convulsion viendra s'imposer à lui dans un poème symétrique du premier qui, sous le titre de *Réversibilité*, est la philosophie cohérente de ce cauchemar délirant où l'on dirait que le temps figé et personnifié vous prend à la gorge :

> ... Ah, dans ces tristes décors
> Les Déjàs sont les Encors !

> *... Ah, dans ces mornes séjours*
> *Les Jamais sont les Toujours !*
>
> *... Ah, dans ces piteux retraits*
> *Les Toujours sont les Jamais !*
>
> *... Ah, dans ces deuils sans rachats*
> *Les Encors sont les Déjàs !*

Dans cet encerclement, les réactions de Verlaine sont diverses dans leur nature et leur génie. Un jour, le voilà acquis à la double leçon immédiate du passé et des choses : c'est le symbole de l'arbre qui, rivé en terre, atteint par la cime à la sérénité, au cœur du ciel sans tache qui lui répond ; la suggestion de la cloche qui s'envole chaque jour dans ses chaînes... Il regarde, écoute, laisse son âme baigner dans l'amitié des révélations aériennes et le conseil de cet oiseau qui, reparaissant soudain entre les branches de ces poèmes, a toujours marqué les rendez-vous de sa conscience et de son cœur :

> *Le ciel est, par-dessus le toit,*
> *Si bleu, si calme !*
> *Un arbre, par-dessus le toit,*
> *Berce sa palme.*
>
> *La cloche, dans le ciel qu'on voit,*
> *Doucement tinte.*
> *Un oiseau sur l'arbre qu'on voit*
> *Chante sa plainte.*
>
> *Mon Dieu, mon Dieu, la vie est là,*
> *Simple et tranquille.*
> *Cette paisible rumeur-là*
> *Vient de la ville.*
>
> *— Qu'as-tu fait, ô toi que voilà*
> *Pleurant sans cesse,*
> *Dis, qu'as-tu fait, toi que voilà,*
> *De ta jeunesse ?*

En se retrouvant tel qu'il a toujours été moralement, et dès les *Poèmes saturniens* :

> *Je me souviens*
> *Des jours anciens*
> *Et je pleure...*

il s'assure de la réponse à la question soupirée cinq siècles, puis trente-sept ans avant lui, par Villon :

> « Je plains le temps de ma jeunesse
> Auquel j'ai plus qu'un autre gallé... »

et par Musset :

> « Qu'as-tu fait de ta vie et de ta liberté ?
> Qu'as-tu fait, mon amant, des jours de ta jeunesse ? »

Et la Chanson de Gaspard Hauser ne fait que résumer les mêmes constatations d'une détresse qui s'insère dans l'absurdité générale de la vie.

Plus souvent, ce sont des impressions poétiques quasi viscérales que Verlaine éprouve et épure : comme cet appel lancinant à la paix et à la sécurité du petit enfant protégé de la vie, mais participant à la vie par l'escarpolette de son berceau, que traduisent les vers précisément intitulés *Berceuse* dans le manuscrit original ; ou ce poème plus complexe, *l'Espoir luit* *..., souvenir d'une halte en été, à midi, au cœur d'une auberge où la subversion du temps et la *somnolence organisée* favorisent la résurgence d'un fantôme bienfaisant : Elisa, écartant un autre fantôme : Mathilde, et purifiant l'âme par tous les dons de l'eau : puits sûr et claire fontaine du souvenir...

Ayant l'intuition du bienfait que peut lui apporter ce système d'évasion par dépersonnalisation et par HALLUCINATION DIRIGÉE, qui aboutit à lui faire mener glorieusement une autre vie au milieu même de sa misère, Verlaine se transforme en analyste de l'ineffable : ainsi dans deux poèmes de ce qu'il nomme alors son *Almanach pour 1874, Vendanges* * et *Sonnet boiteux* *. *Vendanges* est l'apothéose de la vie pure dans cette zone et à cet instant où s'abolissent les frontières entre sensations et entrevisions : le sang, le vin mêlés ne sont pas encore ceux du Christ, *le Vin de la Vigne immuable* ; mais le levain de la transsubstantiation est déjà dans cet être qui adjure la mémoire de faire trêve. Quant au *Sonnet boiteux*

(Hiver), s'il marque une régression dans l'excellence de l'alchimie pure, Verlaine prend sa revanche ailleurs en créant avec *Kaléidoscope*, à partir de la ville de l'*affreux passé*, une autre ville où l'exaltation même de l'holocauste au destin de naguère provoque un spasme sublime, et où, par la magie des formules, la vraie vie est reconquise, et retrouvé le temps, plus vrai qu'autrefois dans la lumière frisante du souvenir.

Ces poèmes, Verlaine est dès lors très conscient de leur nouveauté technique. Un long texte, recueilli plus tard dans *Jadis et Naguère* sous le titre d'*Images d'un sou*, et qui évoque, dans le kaléidoscope d'une rêverie compensatoire, les tristesses organiques et les privations sentimentales dont il souffre : l'amour et l'amitié vacants, la liberté perdue, l'angoisse latente, le bonheur précaire, – Verlaine l'avait d'abord judicieusement intitulé *le Bon Alchimiste* et les deux premiers vers en posaient aussitôt l'équation psychologique :

> *De toutes les douleurs douces*
> *Je compose mes magies !...*

En envoyant certaines de ses compositions à Lepelletier, n'invoque-t-il pas aussi l'énigmatique *système* poétique auquel il n'a jamais fait, prudemment, que des allusions ? Système qui, si nous rapprochons de plusieurs demi-confidences et des propositions de l'*Art poétique* les thèmes qui se font jour dans *Kaléidoscope*, *Vendanges* ou *Sonnet boiteux*, semblait surtout tendre à exclure le plus possible les associations raisonnées pour saisir au contraire l'être à sa source, marier l'imprévu à la logique souterraine, écouter la libre poussée des choses et du temps. Premiers principes du surréalisme...

Que Rimbaud, par son émulation, sa quête obstinée de l'essence à travers l'existence, ait encouragé cette formule d'une recherche mystique déjà pratiquée par Verlaine sous d'autres formes, c'est probable. Mais Edgar Poe en est peut-être autant responsable : Poe, dont Verlaine a magnifié dans *Kaléidoscope* le thème déjà magique d'une « Histoire extraordinaire » : « Les Souvenirs de M. Auguste Bedloe ». Et, plus encore, l'héliotropisme vers d'autres mondes sûrs, d'autres cieux, d'autres amours, que suscite patiemment le malheur.

...Que ton vers soit la chose envolée
Qu'on sent qui fuit d'une âme en allée
Vers d'autres cieux à d'autres amours...

La conclusion de cet *Art poétique* * si timidement réservé jusqu'à la fin de 1881, nous pouvons la prendre à notre choix pour une nostalgie complice du destin de Rimbaud, un avertissement déguisé de la « grâce », ou plus simplement la transposition d'une mélancolie de prisonnier auquel la proximité de la gare et les *bruits de nids* des machines à vapeur infligent un supplice de Tantale :

> ... *Vous n'imaginez pas comme cela gazouille*
> *Et comme l'on dirait des efforts d'oiselets*
> *Vers des vols tout prochains à des cieux violets*
> *Encore et que le point du jour éclaire à peine.*
> *O ces wagons qui vont dévaler dans la plaine !*

C'est que l'hiver a été sombre : pas de journaux, plus de courrier. Quand, pour satisfaire au travail réglementaire, Verlaine ne s'abrutit pas à trier du café, il s'astreint à certaines activités d'attention et de routine : il parcourt les classiques, s'exerce à lire Shakespeare dans le texte, revit parfois en méchants vers parodiques, qu'il feint d'attribuer à François Coppée, des impressions d'autrefois, ou expectore quelques rancunes dont l'expression tend à le purger ou le réconforter. Simples exercices pour empêcher l'esprit de dérailler. La sortie, fût-ce dans une petite imprimerie de Sens, de ses *Romances sans paroles* le distrait un peu, comme de s'amuser, par personne interposée, au jeu des envois d'auteur. Il est plus troublant d'apprendre que les pages liminaires des futurs *Mémoires d'un veuf* ont été notées alors : elles sont datées sur le manuscrit *Mons, le 5 février 1874*, et Verlaine les qualifiait, dans un passage supprimé que nous avons retrouvé, de *notes d'un voyage à des pays fous.*

Napoléon III après Sedan
Verlaine parodie le style de François Coppée et sign
en remplaçant les ∴ des francs-maçons par

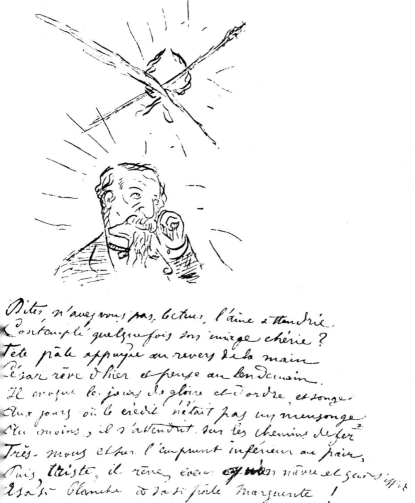

Dites, n'avez-vous pas, lecteurs, l'âme attendrie
Contemplé quelquefois son image chérie ?
Tête pâle appuyée au revers de la main
Désar rêve d'hier et pense au lendemain.
Il croque les jours de gloire et d'ordre, et songe
Aux jours où le crédit n'était pas un mensonge
Ou moins, il s'attendrit sur les chemins de fer
Très-mous et sur l'emprunt inférieur au pair,
Puis, triste, il rêve, cœur naïf et gens épris
Esa'st Blanche à sa si pâle Marguerite !

François Coppée

Quoi qu'il en soit, en ce faux printemps de 1874 où il s'éveille pour noter à loisir ou préciser sous le titre d'*Art poétique* des intuitions, des expériences, des directions ou des exclusives depuis longtemps acquises (la date inscrite au bas du poème n'est pas forcément celle de sa conception, mais parfois celle de sa mise au net), Verlaine touche au fond de ses ressources intimes, à l'épuisement de ses philtres poétiques. Il est à bout, presque à merci. Pourtant, la mesure n'est pas encore comble.

Un jour de mai, le directeur de la prison de Mons entre dans sa cellule. Il parle comme au réveil d'un condamné à mort. *Mon pauvre ami, je vous apporte un mauvais message. Du courage ! Lisez !... C'était une feuille de papier timbré, la copie du jugement de séparation de corps et de biens, si mérité quand même (de corps ! et peut-être aussi de biens ?) mais dur dans l'espèce ! que me décernait le tribunal civil de la Seine. Je tombai en larmes sur mon pauvre dos sur mon pauvre lit...* Plus d'Ami, plus de femme, plus d'enfant, plus d'asile, plus de recours. Verlaine – que la pensée de sa mère ne semble pas alors visiter – se sent définitivement seul.

Seul vraiment ? Victor Hugo avait jadis, dans « les Contemplations », livré sous le titre « Écrit au bas d'un Crucifix » quatre vers dont on ne peut dire si Verlaine, familier de l'œuvre, les connaissait :

> « Vous qui pleurez, venez à ce Dieu, car il pleure.
> Vous qui souffrez, venez à lui, car il guérit.
> Vous qui tremblez, venez à lui, car il sourit.
> Vous qui passez, venez à lui, car il demeure. »

Toujours est-il qu'au-dessus du lit du prisonnier était accroché un petit crucifix réglementaire : *...Une heure ou deux après cette scène, ne voilà-t-il pas que je me pris à dire à mon « sergent » de prier monsieur l'Aumônier de venir me parler.*

Nous voici parvenus à l'épisode le plus singulier et le plus pathétique de cette vie, qui ne peut amener que les commentaires les plus réservés : toute réflexion critique se meurt au seuil du mystère d'une âme qui dit : « Je crois... » Comment juger, jauger une mystique ? Il y en aura toujours pour dire que vous en êtes indigne, d'autres que vous y êtes impropre, et les derniers que vous en êtes dupe.

De cette « conversion » de Verlaine, qu'il faudrait appeler plutôt une *réversion*, puisqu'il s'agit des retrouvailles d'une religion d'enfance, d'un retour vers l'équilibre biologique primordial qui suppose et nécessite une foi, – de cette mutation soudaine, nombreux sont ceux qui ont douté et qui doutent. Ils ne pensent point que Verlaine a menti, ni même qu'il s'est menti; mais qu'il s'est abusé, qu'il a pris pour une visitation ce qui n'était qu'hallucination et dédoublement de la personnalité nés de la faiblesse solitaire contre laquelle ces phénomènes représentent une défense, presque une sécrétion psychologique. Celui qui devrait être un des plus proches de Verlaine, Paul Claudel, ne déclare-t-il pas à André Gide qu' « il n'a jamais beaucoup aimé *Sagesse*, où la jonglerie de Verlaine reste toujours apparente et gâte les pièces même les mieux venues »? Pourquoi ce scepticisme des uns et des autres? La plupart accusent l'état de réceptivité dans lequel se trouvait Verlaine : état qui rend difficile de distinguer s'il s'agit d'un appel subjectif au seul Médecin possible, au nom duquel l'imagination alertée et l'âme font les demandes et les réponses, ou au contraire de la visitation objective du Consolateur suprême dont la créature ravie enregistre lucidement le message. Telle est la thèse de Lepelletier, fidèle compagnon de Verlaine mais rationaliste invétéré : à son sens, la « conversion » de Verlaine fut un « acte impulsif » dont le pénitent a d'ailleurs, dans ses souvenirs, « corsé » les manifestations, puis utilisé en homme de lettres la neuve matière poétique, y voyant non seulement « une remise à neuf de son âme, mais aussi un ravalement de toutes les vieilles façades poétiques ». Le même Lepelletier est aussi de ceux qui mesurent l'authenticité de la « conversion » à l'aune de sa fragilité : « Il invoquait le saint pendant la tourmente. Le danger passé, le proverbe pour lui devait se vérifier... Hors de la cellule de Mons, la foi devait s'évaporer, laissant seulement subsister le goût de la religiosité, décorative et poétique. »

Que répondre ? Du point de vue chrétien, le P. Morice, excellent et lucide exégète de *Sagesse*, s'est attaché à montrer comment et combien le sang chrétien coule désormais en Verlaine et dans ses vers. Mais à ceux que la seule affirmation chrétienne peut justement laisser insatisfaits, que dire d'homme à homme et d'esprit à esprit, car le problème est à la fois d'ordre spirituel et psychologique ?

Sans doute faut-il rappeler d'abord que *tout sentiment* suppose et requiert ce pari qu'est un minimum de confiance : comment décider pour, et surtout contre l'être qui soudain crie de joie que son amour, que sa foi, il les vit ? Il est certain que la carence de tout divertissement, de tout réconfort physique ou moral : alcool, tabac, amour, fierté, a fait en lui ce vide propice aux sentiments extrêmes. Mais où a-t-on vu que la Grâce soit la seule solution à l'abandon, la seule issue au désespoir ? Qu'il faille l'inventer à défaut de la recevoir ? Dostoïevski en sort par une immense pitié essentiellement humaine ; tels de nos contemporains y échappent par une métaphysique de la révolte ou l'ardeur de haines particulières. De nombreux condamnés s'y dérobent par le suicide.

L'Enfer, a écrit Verlaine, *c'est l'Absence*. Et certes, tout est absent alors pour lui, sauf l'invisible. Il faut cependant avoir le sens ou l'intuition métaphysiques pour se référer, non pas une fois mais continûment depuis quelques mois, à cette revision de l'Enfer. Confondu avec le Paradis, cet Enfer sans péché est évidemment un refuge d'outlaws, puisque le rêve de Verlaine, sinon celui de Rimbaud, se révèle alors la transposition et la continuation dans l'au-delà d'une aventure terrestre exceptionnelle et hors la loi. Mais l'idéal sacrilège et manichéen de Verlaine avait quand même abouti, en cela, à un vœu de réconciliation du Bien et du Mal, un rêve d'amour et de pardon. L'Enfer est prêt à se livrer, dans un pari vers

... Le ciel libre où monte le cri des nids...

L'Enfer, n'est-ce pas d'ailleurs « le ciel en creux », ainsi que l'imprimait cette année même Barbey d'Aurevilly en une formule saisissante ?

Il est enfin certain que, pour être touché par la grâce de l'âme, il n'est pas inutile d'avoir conscience d'une âme immortelle et de s'en soucier : à ce sujet, il n'est que de suivre, dans les poèmes des deux années précédentes, ce bourgeonnement impérieux, chez Verlaine, de thèmes mystiques déviés, ces appels anxieux, dans l'ombre, qui vont sans savoir où, mais comme s'ils savaient. Des signes qui agissent comme ces ouvriers subalternes chargés d'orienter une route ou de défricher une place pour préparer une visite souveraine, mais qui ignorent cependant la raison exacte des ordres qu'ils exécutent.

Ainsi est-il aisé de surprendre un Verlaine mystique au sein même du plaisir, soucieux de l'éternité dans la précarité du plus bel instant : que dit-il après l'*extase langoureuse* au début des *Romances sans paroles* ? Quel écho veut-il trouver dans la nature ?

> *Cette âme qui se lamente*
> *En cette plainte dormante*
> *C'est la nôtre, n'est-ce pas ?*
> *La mienne, dis, et la tienne...*

Cet autre soir où, dans le silence d'une chambre, il regarde dormir son ami, quelle pensée le poursuit, quel cri lui échappe ?

> *Vite, éveille-toi.* Dis, l'âme *est immortelle ?*

Sans qu'il s'en rende compte clairement, cette âme est pour lui le gage essentiel, donc le suprême tourment :

> *Les* âmes, *elles n'ont qu'elles-mêmes pour but...*

Tantôt il la sépare des sens :

> *L'*âme *veille, les sens se taisent somnolents*

tantôt il supplie qu'elle se taise en même temps que la mémoire organisée, pour laisser parler une mémoire sans venin et ce chant sans conscience qui invite à l'absolu du rêve...

Certes, Rimbaud est passé, symbole de la ferveur insatiable, émulation et inquiétude constante du corps et de l'âme ; au *Dis, l'âme est immortelle ?* correspond ou répond

« Vite, est-il d'autres vies ? » d'« Une saison en enfer ». A cette hantise d'une éternité fuyante, Rimbaud avait déjà opposé son culte serein de l'Éternité immédiate :

> « Elle est retrouvée,
> Quoi ? L'Éternité.
> C'est la mer allée
> Avec le soleil. »

Mais ce *dis ?* qui revient comme une prière ou une obsession d'enfant et si souvent s'associe au sens mystérieux de l'âme, il est bien de Verlaine! Quand, à la fin de sa vie, comme cela lui arrivait d'aventure encore, il ressaisit tout l'élan de sa ferveur pour parler à une de ses putains comme à une Madone, c'est tout naturellement qu'il retrouve la même adjuration et les mêmes mots :

> *Dis, sérieusement, lorsque je serai mort,*
> *Plein de toi, sens, esprit, âme, et dans la prunelle*
> *Ton image à jamais pour la nuit éternelle...*
>
> (Le Livre posthume.)

Des mots qui attestent toujours un triple besoin de sécurité, de ferveur et de durée dont la grâce est venue un jour assurer l'unité, accomplissant dans l'être la conjonction du sentimental et du spirituel.

Et c'est Verlaine lui-même, en plein renouveau mystique, qui n'a pas craint de l'affirmer : l'exaltation déviée de naguère a eu son expresse raison d'être. La vie pécheresse s'acheminait dans la nuit vers Damas... Le malheur a hâté la poussée vers la lumière et cela aussi, Verlaine l'a perçu, qui intitulait, au printemps de 1874, *Via dolorosa*, le résumé surréaliste de ses états de conscience. A sa guise, ou à celle de Dieu, Rimbaud a peut-être parachevé en son singulier disciple le sens d'un surnaturel auquel lui-même se refusait : mais encore fallait-il que le disciple, doué du sens de l'invisible, eût de surcroît celui du dépassement, car si Rimbaud, avant de se réfugier dans l'action, continuera de chercher le mystère en filigrane du seul monde terrestre, Verlaine, au contraire, une sève nouvelle une fois transfusée, n'en perdra plus jamais tout à fait la vertu.

Maintenant, que la poussée de la grâce ne soit pas un miracle, mais la régénération divine d'éléments humains, voilà ce dont il faut ou se persuader, ou se contenter. Dieu se sert de ce qu'il trouve. Au-delà de cet *ennui profond*, de ce *désespoir de n'être pas libre*, de cette *honte* d'être en prison, Dieu s'est emparé de ce *dis ?* d'angoisse et de tendresse et a requis cette soif de ferveur. L'aumônier l'avait bien compris qui, voyant Verlaine perdu dans le désert du Catéchisme de persévérance de Mgr Gaume (un pédant catéchisme pour « intellectuels » qui avait rebuté jusqu'au Bouvard de Flaubert), lui dit soudain : « Sautez les chapitres, et passez tout de suite au sacrement de l'Eucharistie. » La Communion et la Présence Réelle, prodigieux mystère d'un Dieu hôte d'une âme et d'un corps humains, c'était le réconfort essentiel pour cet amant sans amour, ce pèlerin assoiffé sans gîte et sans calice. Après une communion fixée par le prêtre, comme il se devait, au jour de l'Assomption, sous la double invocation de la Vierge et de son Fils, les premiers vers que Verlaine écrivit : *Mon Dieu m'a dit...*, sont les plus pathétiques.

Si, de ses défauts tapis dans l'ombre, de sa sensualité vigilante et prête à annexer le Christ même, le néophyte n'ignore rien, à ses objections le Christ répond avec la sublime confiance d'un frère aussi sage que bon :

> *– Il faut m'aimer ! Je suis l'universel Baiser,*
> *Je suis cette paupière et je suis cette lèvre*
> *Dont tu parles, ô cher malade, et cette fièvre*
> *Qui t'agite, c'est moi toujours !...*

> *... Aime-moi ! Ces deux mots sont mes verbes suprêmes,*
> *Car étant ton Dieu tout-puissant, je peux vouloir,*
> *Mais je ne veux d'abord que pouvoir que tu m'aimes.*

> *– Il faut m'aimer. Je suis Ces Fous que tu nommais,*
> *Je suis l'Adam nouveau qui mange le vieil homme,*
> *Ta Rome, ton Paris, ta Sparte et ta Sodome,*
> *Comme un pauvre rué parmi d'horribles mets.*

> *... Aime. Sors de ta nuit. C'est ma pensée*
> *De toute éternité, pauvre âme délaissée,*
> *Que tu dusses m'aimer, moi seul qui suis resté !*

Cette confiance de Dieu, cette vision de terre promise dans la gloire d'un nouveau matin, il en conservera toujours, et même indigne, une particulière nostalgie qu'il a souvent confiée : *Quiconque croit que ma foi n'est pas sincère ne connaît pas l'extase de recueillir dans son corps la chair même du Seigneur. Pour moi, c'est un bonheur qui m'étourdit : c'est une émotion physique. Je sais trop bien que j'en suis indigne : il y a plus d'un an que je n'ose plus aller recevoir l'hostie.* (A Byvanck, 1891.)

Sans doute, dès la fin de 1874, alors que ses vers acquièrent, du fait même de son trouble, un pouvoir hallucinatoire et incantatoire étrangement neuf :

> *Parfums, couleurs, systèmes, lois !*
> *Les mots ont peur comme des poules ;*
> *La Chair sanglote sur la croix.*
>
> *Pied, c'est du rêve que tu foules,*
> *Et partout ricane la voix,*
> *La voix tentatrice des foules.*
>
> *Cieux bruns où nagent nos desseins,*
> *Fleurs qui n'êtes pas le Calice,*
> *Vin et ton geste qui se glisse,*
> *Femme et l'œillade de tes seins,*
>
> *Nuit câline aux frais traversins,*
> *Qu'est-ce que c'est que ce délice,*
> *Qu'est-ce que c'est que ce supplice,*
> *Nous, les damnés et vous, les Saints ?*

il atteste la remontée des eaux de l'abîme contre les digues de la nouvelle ville d'Ys. Sans doute, dès sa libération en janvier 1875, il n'a de cesse qu'il ait obtenu la nouvelle adresse de son ancien tourmenteur et maître ès poisons délicieux : il va retrouver Rimbaud, début mars, à Stuttgart, – le plus long voyage qu'il ait jamais fait. Retrouvailles que Rimbaud relate avec une sobriété cynique : « Verlaine est arrivé ici l'autre jour, un chapelet aux pinces... Trois heures après on avait renié son dieu et fait saigner les 98 plaies de N. S. », mais dont nous savons par E. Delahaye qu'après une scène atroce, elles se terminèrent au bord du Neckar par une bataille à coups de couteau, dans la nuit, dont Verlaine, ramassé au petit matin par des paysans, sortit doublement et honteusement vaincu. Lutte caricaturale d'un Jacob déjà vieillissant avec un ange damné ? Entreprise d'un satyre rebuté ? Faut-il jeter aussitôt l'anathème et parler d'un reniement délibéré qui annulerait tout le bénéfice de la conversion ?

En ce qui concerne l'homme, il paraîtra au contraire plus charitable et judicieux d'envisager cet épisode comme une séquelle du passé, que l'ancien obsédé rachètera par deux ans et demi au moins d'une vie exemplaire en Grande-Bretagne : alors que des tentations sexuelles n'y devaient point manquer, Verlaine, à Stickney, puis à Bournemouth, où il enseigne, ne cherchera d'amitié que dans des paysages tendres et comme incertains entre le sourire et les larmes. Il s'y attachera, dans une tension assidue, à faire coïncider une vie morale nouvelle avec son dépaysement en des lieux exempts des souillures et des stigmates du passé.

Quant à la poésie, une fois le passé tout ensemble cambriolé et poignardé dans cette sombre vallée du Neckar, si c'est d'abord encore en spirales qu'elle chemine vers ses hauteurs, elle avance désormais dans un autre paysage où les dernières brumes vacillant dans les cols ont remplacé les brouillards et les feux follets sur les abîmes. Sa situation spirituelle est devenue claire à Verlaine lui-même :

> *O mon Dieu, j'ai connu que tout est vil*
> *Et votre gloire en moi s'est installée...*

Son vœu humain fondamental ? Il est simple :

> *Hommes durs ! Vie atroce et lâche d'ici-bas !*
> *Ah ! que du moins loin des baisers et des combats,*
> *Quelque chose demeure un peu sur la montagne...*

Toute la conscience et l'arrière-conscience poétiques sont alertées et mobilisées pour servir la fuite en avant et éclairer la splendeur et les durs reliefs de ce nouveau monde à l'horizon. Images qui sont comme les représentations d'un possédé qu'on vient d'exorciser :

> *Vieux bonheurs, vieux malheurs, comme une file d'oies*
> *Sur la route en poussière où tous les pieds ont lui,*
> *Bon voyage !...*

Saisissante incarnation, de gré ou de force, des idées et entités morales (orgueil, haine, chair...), dans les sensations brutes qu'elles évoquent *(Voix de l'Orgueil...*)* et ramenées tout écumantes à la conscience claire comme des bêtes des abîmes. La différence de perspective et de densité spirituelles est immédiatement sensible si l'on compare l'offrande sentimentale de *Green* dans les *Romances sans paroles* :

> *Voici des fruits, des fleurs, des feuilles et des branches,*
> *Et puis voici mon cœur, qui ne bat que pour vous...*

avec l'offrande tout ensemble mystique et charnelle :

> *Voici mon sang que je n'ai pas versé*
> *... Voici mes mains qui n'ont pas travaillé.*
> *Voici mon cœur qui n'a battu qu'en vain,*
> *Pour palpiter aux ronces du Calvaire...*

de tous les attributs du corps, dissociés pour être rassemblés et déposés au seuil de Dieu. Et c'est encore dans une géométrie du divin que Verlaine, reprenant un célèbre thème baudelairien, inscrit la perspective du voyage :

> *Qu'en dis-tu, voyageur, des pays et des gares ?...* *

Au mouvement en cercle fermé qui s'impose dans ceux des *Poèmes saturniens* où Verlaine se livre malgré lui ; au mouvement zigzaguant de phalènes des *Fêtes galantes* ; au mouvement horizontal et rapide qui, luttant contre les autres, tend à s'instaurer comme un remède moral dans les *Romances sans paroles*, voici qu'après les battements d'ailes et les essais d'envols, succède un mouvement vertical d'échanges entre la terre et le ciel, échelle de Jacob dans le calme et le ravissement, ou trombes sauvages quand l'être à sa plus haute tension se trouve partagé entre ses extrêmes.

Ce qui, dans le destin futur de Verlaine, s'avérera inquiétant, puis tragique et tout simplement désolant, c'est que, chez lui, mysticisme et religiosité tendent invinciblement à divorcer : ses effusions soudaines, ses extases *hors du monde* cessent vite de le consoler dès qu'il rentre dans l'ordre commun du monde et du temps humains.

Certes, le Christ seul a pu sublimer le vieux masochisme en humiliation rédemptrice : tendu vers Sa présence, Verlaine s'est senti pacifié en conciliant, par une foi qui est la négation de l'angoisse nerveuse, son besoin d'un appui, son désir d'un Maître et son ivresse de l'éternel dans le temporel. Mais malgré ce printemps tardif, l'âme connaît des gelées sournoises. Elles viennent pour Verlaine de ce que ce

> *cœur pirate, épris des seules côtes*
> *Où la révolte naisse*

est malheureux hors des situations extrêmes. Il a besoin, pour se sentir vivre, de voyager dans son exaltation : or Dieu ne change pas, et la vie selon la religion prend vite l'apparence d'un train-train où l'âme devient femme de ménage du quotidien. Il a besoin de quelqu'un qui lui réponde, chaque fois, sur-le-champ et de bouche à bouche : or Dieu ne répond qu'à son heure. Sisyphe repoussant jour après jour ses tentations, il éprouve enfin un sentiment grandissant de duperie et de frustration qui fait renaître chez cet enfant du doute la répugnance à choisir pour jamais, donc à sacrifier une partie de lui-même.

En définitive, la grâce de la conversion, des années encore, se confirmera comme le pouvoir d'un ravissement nouveau et d'une merveilleuse disponibilité spirituelle ; mais elle ne déterminera pas, quoi que Verlaine ait cru ou voulu croire, un engagement moral exclusif capable d'apporter une métamorphose. Si les deux symphonies concertantes de *Sagesse* (*Mon Dieu m'a dit...* et *O mon Dieu, vous m'avez blessé d'amour...*) qui datent de l'automne 1874 et de l'été 1875, et dont la ferveur poétique n'est pas sans évoquer « les Béatitudes » ou « Rédemption » de César Franck, demeurent à jamais comme une effusion totale et le chant d'un abandon dans une gloire de l'au-delà, tant d'autres poèmes trahissent, à travers leurs élans, l'effort vers l'élan ! Verlaine demeure avec vigilance occupé de lui-même, mais plus de lui-même que de Dieu. Alors, à défaut des fêtes du ciel, ce seront à nouveau des fêtes de l'abîme, dans lesquelles Verlaine va rechercher désespérément un retour du passé perdu, voulant ignorer que rien n'est plus décevant que la décalcomanie sensuelle, oubliant que, sous prétexte de descendre en soi-même, on se complaît vite et aisément dans ses propres sous-sols...

Esquisse du prologue des « Béatitudes » de César Franck, 1879.

DÉSESPOIRS ET TRANSFIGURATIONS

Un pouacre

Avec les yeux d'une tête de mort
        Que la lune encore décharne,
Tout mon passé, disons tout mon remords,
        Ricane à travers ma lucarne.

Avec la voix d'un vieillard très cassé,
        Comme l'on n'en voit qu'au théâtre,
Tout mon remords, disons tout mon passé,
        Fredonne un tralala folâtre.

Avec les doigts d'un pendu déjà vert
        Le drôle agace une guitare
Et danse sur l'avenir grand ouvert
        D'un air d'élasticité rare.

« Vieux turlupin, je n'aime pas cela.
        Tais ces chants et cesse ces danses. »
Il me répond avec la voix qu'il a :
        « C'est moins farce que tu ne penses,

« Et quand au soin frivole, ô doux morveux,
        De te plaire ou de te déplaire,
Je m'en soucie au point que, si tu veux,
        Tu peux t'aller faire lanlaire ! »
                (Recueilli dans *Jadis et Naguère*, automne 1873.)

Art poétique

De la musique avant toute chose,
Et pour cela préfère l'Impair
Plus grave et plus soluble dans l'air,
Sans rien en lui qui pèse ou qui pose.

Il faut aussi que tu n'ailles point
Choisir tes mots sans quelque méprise :
Rien de plus cher que la chanson grise
Où l'Indécis au Précis se joint.

C'est des beaux yeux derrière des voiles,
C'est le grand jour tremblant de midi,
C'est, par un ciel d'automne attiédi,
Le bleu fouillis des claires étoiles !

Car nous voulons la Nuance encor,
Pas la Couleur, rien que la nuance !
Oh ! la nuance seule fiance
Le rêve au rêve et la flûte au cor !

Fuis du plus loin la Pointe assassine,
L'Esprit cruel et le Rire impur,
Qui font pleurer les yeux de l'Azur,
Et tout cet ail de basse cuisine !

Prends l'éloquence et tords-lui son cou !
Tu feras bien, en train d'énergie,
De rendre un peu la Rime assagie.
Si l'on n'y veille, elle ira jusqu'où ?

O qui dira les torts de la Rime ?
Quel enfant sourd ou quel nègre fou
Nous a forgé ce bijou d'un sou
Qui sonne creux et faux sous la lime ?

De la musique encore et toujours !
Que ton vers soit la chose envolée
Qu'on sent qui fuit d'une âme en allée
Vers d'autres cieux à d'autres amours.

Que ton vers soit la bonne aventure
Éparse au vent crispé du matin
Qui va fleurant la menthe et le thym...
Et tout le reste est littérature.

(Recueilli dans *Jadis et Naguère*, 1874.)

LES VOYAGES FORMENT LA-JÜNESSE.

Rimbaud raconté par Verlaine

Qu'en dis-tu, voyageur, des pays et des gares ?
Du moins as-tu cueilli l'ennui, puisqu'il est mûr,
Toi que voilà fumant de maussades cigares,
Noir, projetant une ombre absurde sur le mur ?

Tes yeux sont aussi morts depuis les aventures,
Ta grimace est la même et ton deuil est pareil :
Telle la lune vue à travers des mâtures,
Telle la vieille mer sous le jeune soleil,

Tel l'ancien cimetière aux tombes toujours neuves !
Mais voyons, et dis-nous les récits devinés,
Ces désillusions pleurant le long des fleuves,
Ces dégoûts comme autant de fades nouveau-nés,

Ces femmes ! Dis les gaz, et l'horreur identique
Du mal toujours, du laid partout sur tes chemins,
Et dis l'Amour et dis encor la Politique
Avec du sang déshonoré d'encre à leurs mains.

Et puis surtout ne va pas t'oublier toi-même,
Traînassant ta faiblesse et ta simplicité
Partout où l'on bataille et partout ou l'on aime,
D'une façon si triste et folle, en vérité !

A-t-on assez puni cette lourde innocence ?
Qu'en dis-tu ? L'homme est dur, mais la femme ? Et tes pleurs,
Qui les a bus ? Et quelle âme qui les recense
Console ce qu'on peut appeler tes malheurs ?

Ah, les autres, ah toi ! Crédule à qui te flatte,
Toi qui rêvais (c'était trop excessif, aussi)
Je ne sais quelle mort légère et délicate !
Ah toi, l'espèce d'ange avec ce vœu transi !

(*Sagesse*, I, III. Fragment.)

Beauté des femmes, leur faiblesse, et ces mains pâles
Qui font souvent le bien et peuvent tout le mal,
Et ces yeux, où plus rien ne reste d'animal
Que juste assez pour dire : « assez » aux fureurs mâles !

Et toujours, maternelle endormeuse des râles,
Même quand elle ment, cette voix ! Matinal
Appel, ou chant bien doux à vêpre, ou frais signal,
Ou beau sanglot qui va mourir au pli des châles !...

Hommes durs ! Vie atroce et laide d'ici-bas !
Ah ! que du moins, loin des baisers et des combats,
Quelque chose demeure un peu sur la montagne,

Quelque chose du cœur enfantin et subtil,
Bonté, respect ! Car, qu'est-ce qui nous accompagne,
Et vraiment, quand la mort viendra, que reste-t-il ?

(*Sagesse*, I, v.)

Voix de l'Orgueil : un cri puissant comme d'un cor,
Des étoiles de sang sur des cuirasses d'or.
On trébuche à travers des chaleurs d'incendie...
Mais en somme la voix s'en va, comme d'un cor.

Voix de la Haine : cloche en mer, fausse, assourdie
De neige lente. Il fait si froid ! Lourde, affadie,
La vie a peur et court follement sur le quai
Loin de la cloche qui devient plus assourdie.

Voix de la Chair : un gros tapage fatigué.
Des gens ont bu. L'endroit fait semblant d'être gai.
Des yeux, des noms, et l'air plein de parfums atroces
Où vient mourir le gros tapage fatigué.

Voix d'Autrui : des lointains dans les brouillards. Des noces
Vont et viennent. Des tas d'embarras. Des négoces,
Et tout le cirque des civilisations
Au son trotte-menu du violon des noces.

Colères, soupirs noirs, regrets, tentations
Qu'il a fallu pourtant que nous entendissions
Pour l'assourdissement des silences honnêtes,
Colères, soupirs noirs, regrets, tentations,

Ah, les Voix, mourez donc, mourantes que vous êtes,
Sentences, mots en vain, métaphores mal faites,
Toute la rhétorique en fuite des péchés,
Ah, les Voix, mourez donc, mourantes que vous êtes!

Nous ne sommes plus ceux que vous auriez cherchés.
Mourez à nous, mourez aux humbles vœux cachés
Que nourrit la douceur de la Parole forte,
Car notre cœur n'est plus de ceux que vous cherchez!

Mourez parmi la voix que la Prière emporte
Au ciel, dont elle seule ouvre et ferme la porte
Et dont elle tiendra les sceaux au dernier jour,
Mourez parmi la voix que la Prière apporte,

Mourez parmi la voix terrible de l'Amour!

(Sagesse, I, XIX.)

Vendanges

Les choses qui chantent dans la tête
Alors que la mémoire est absente,
Écoutez, c'est notre sang qui chante...
O musique lointaine et discrète!

Écoutez! c'est notre sang qui pleure
Alors que notre âme s'est enfuie,
D'une voix jusqu'alors inouïe
Et qui va se taire tout à l'heure.

Frère du sang de la vigne rose,
Frère du vin de la veine noire,
O vin, ô sang, c'est l'apothéose!

Chantez, pleurez! Chassez la mémoire
Et chassez l'âme, et jusqu'aux ténèbres
Magnétisez nos pauvres vertèbres.

(Jadis et Naguère.)

le lendemain le Roy fit mander son premier
ministre. Il pouvait être cinq heures et demie
du matin. dès qu'il put l'apercevoir il jeta
dans ses bras en disant : élève Lagienne vous
êtes reçu tres bien vu.

LE MALHEUR DE N'ÊTRE PLUS QUE SOI-MÊME

*L*orsque Verlaine, après ses longs mois de sagesse en Grande-Bretagne, entame une nouvelle carrière de professeur (en France cette fois, dans ses Ardennes, à Rethel), son cycle psychologique ne semble pas plus achevé que brisée sa confiance en son avenir intérieur, sinon en sa gloire littéraire. Sa ferveur a décliné ? Son directeur de conscience ou lui-même peuvent alléguer cette temporaire sécheresse d'âme, cette *acedia* que connaissent même les plus grands mystiques. Du reste, il compose encore des poèmes empreints de spiritualité chrétienne et il faudrait être malicieux pour lui supposer dès lors la pensée que d'avoir écrit les leçons de *Sagesse* le dispense désormais de les suivre.

Malgré tout, il demeure sujet à de brusques mutations, à des mouvements pendulaires qui n'attendent pour se déclencher qu'une spécieuse justification rationnelle : la longue, bizarre et douloureuse aventure de presque quatre ans avec un élève préféré, Lucien Létinois, représente le dernier essai de revanche et d'unité intime, et obéit à cette logique de l'abîme déguisée en triomphe de la logique ! Éternel errant depuis la prison, séparé à jamais d'une femme qui l'écrase de son mépris légal, frustré de son fils Georges sauf quelques minutes par an, — que Verlaine ait songé à concilier dans une liaison paternelle et fraternelle la ferme douceur d'une direction et la jouvence d'une camaraderie ; qu'il ait cherché, dans cette résurrection de l'ancienne jeunesse, le levain d'une *nouvelle vie* ; qu'après le désert des pierres concentrationnaires, il caresse le rêve de goûter à la campagne une vie bucolique et utile ; qu'enfin, les parents de Lucien Létinois étant agriculteurs, il envisage de s'adonner en famille à la culture (il a toujours eu la vocation contradictoire du ménage bohème et de la sécurité dans l'irrégularité), et qu'il ait donc acheté incontinent une ferme au père de son ami : rien dans cette combinaison chimérique qui ne soit logique mais ne serve surtout à Verlaine d'alibi et de paravent à des revendications plus secrètes. Plus qu'une revanche sur la mutilation, par la prison, du passé sentimental et sensuel, ce choix est une révolte farouche contre tout ce qui s'abolit.

Lucien Létinois, quand il le distingue, a dix-sept ans et demi : exactement comme Rimbaud naguère. Il est décrit par les uns comme un garçon discret et fin ; par d'autres comme un grand dadais sournois. Mais Rimbaud lui-même, passant considérable, n'apparut-il point parfois comme une

Verlaine en reconnaissant Rimbaud : « Tiens ! »
« Ah ! m... » s'exclame Rimbaud.

gouape inquiétante? Pour Verlaine, Létinois est le succédané de Rimbaud et cela seule compte. Androgyne

fin comme une grande jeune fille,

et cependant d'un physique un peu rude, sauvage, ce disciple qui s'éveille est aussi, avec son port de cou

... et d'un aigle et d'un cygne

la vivante représentation de ce Ganymède dont le symbole poursuit plus que jamais Verlaine.

Revanche sur le passé que ce dernier voyage à Londres, à la Noël 1879, où, poliment congédié de Rethel, Verlaine emmène Létinois? Il se cramponne d'autant plus fort à son dernier choix que déjà il sent qu'il incline à renier les instants privilégiés au profit des jours tranquilles, à faire d'humbles satisfactions la monnaie du bonheur. Il se trompe lui-même à peine quand il présente des géorgiques corydonesques sous les apparences un peu niaises du « petit coin » et du « petit nid ». Le voilà presque étonné de s'apercevoir qu'on ne cultive pas forcément ensemble le désir et la terre :

Notre essai de culture eut une triste fin.

Il faut revendre la ferme à bas prix, regagner Paris avec la tribu, mais avec Lucien. Qu'importe encore cette déconfiture! Verlaine garde le mérite d'être très peu sensible aux fatalités extérieures. L'essentiel est qu'il demeure en état de disponibilité poétique. On peut même avancer que ce qui est perdu dans sa vie sociale, est en retour sauvé pour sa vie profonde : pourvu que l'être conserve sa vocation à choisir, et la force de choisir même ce que l'on appelle le mal, – et pourvu que l'âme garde ses distances vis-à-vis de l'univers des autres hommes, c'est-à-dire son pouvoir d'étonnement.

L'avant-dernier choc qui va abattre Verlaine, en attendant la disparition de sa propre mère, ce n'est donc pas la perte d'une ferme ni même de sa situation de fonctionnaire. Face à des contretemps matériels, cet anxieux retrouve toujours un courage déterminé. Bien qu'il écrive alors sombrement : *Me voici rejeté en plein bagne parisien... me démenant pour du beurre sur mon pain, parmi cette discorde d'intérêts factices et de plaisirs fous, sans illusion courageuse, lourd d'une expérience inutile*, – il reconstitue avec sa mère un gîte rue de la Roquette, et tâche de retrouver une ombre sociale. En 1881, *Sagesse*, préparée avec un soin touchant, est un four : effarouché par les racontars, l'éditeur Palmé – un « pieux saligaud », disait Huysmans – a d'ailleurs enterré au plus profond de ses caves cette édition payée d'avance par l'auteur. Alors Verlaine va proposant d'anciens poèmes qu'il exhume. A la fin de 1882 paraît ainsi dans une jeune revue, « Paris moderne », le vieil *Art poétique* de la prison, insolite comète qui ne fait l'effet que d'une exquise boutade. N'importe! voici, avec trois sonnets, les premiers vers acceptés par une revue depuis *dix ans*! Pour qui aime méditer, comme Verlaine, sur les pressentiments et les réversibilités, on peut remarquer que sur ces trois sonnets, deux, *le Squelette* et *Pierrot*, sont d'inspiration macabre. Un vers, terrible par réfraction, se lit dans le dernier :

Et son spectre aujourd'hui nous hante, mince et clair.

Deux mois plus tard, en avril 1883, Lucien Létinois, frappé d'une typhoïde, meurt à l'hôpital, d'une façon aussi soudaine et sournoise que jadis Elisa, la cousine bien-aimée, comme si la vieille malédiction saturnienne reparaissait : raison profonde – que nul n'a décelée encore – pour laquelle Verlaine, dans le long lamento voué à Lucien, intercalera plus tard un poème supplémentaire, et un seul, qui est un *in memoriam* consacré à Elisa.

Le chagrin de Verlaine est poignant mais, par une compensation qui semble heureuse, c'est vers cette époque qu'à un petit groupe de vieux camarades parnassiens retrouvés : A. Mérat, L. Valade, C. Mendès, et à d'imprévus zélateurs comme le jeune Courteline, plus féru alors de poésie que de prose et codirecteur de « Paris moderne », viennent s'ajouter de nouveaux admirateurs qui, à leur tour, en suscitent

Le 3 8bre

Mon cher Mendès,

Je vous recommande M.
Ladislas Loëvy, jeune homme
de beaucoup de talent qui désire
faire mon portrait pour la _vie_
populaire.

Votre

P. Verlaine

Ladislas Loëvy 88

DEUXIÈME ANNÉE. — N° 72.   LE NUMERO **15** CENTIMES   SAMEDI 26 MAI

LE CHAT NOIR

RÉDACTEUR EN CHEF
ÉMILE GOUDEAU

SECRÉTAIRE DE LA RÉDACTION
HENRI RIVIÈRE

DIRECTEUR
RODOLPHE SAL.

RÉDACTION
ET
ADMINISTRATION
84, Boulevard Rochechou.

ABONNEMENTS

PARIS

1 An . . . . . 10 »
6 Mois . . . . 7 »

DÉPARTEMENTS

1 An . . . . . 12 »
6 Mois . . . . 8 »

Rédaction et Administra-
tion, 84, boulevard
Rochechouart.

ABONNEM

PARI

1 An . . . .
6 Mois . . .

DÉPARTE

1 An . . .
6 Mois . . .

Les manuscrits
rés ne sont pas

PARAISSANT LE SAMEDI

Bulletin Musical

Vous faites-vous une idée de ce qu'est un chef d'orchestre. Ce monsieur tout en noir habillé prête g.n ralement à rire. Il a tout à la fois du moulin à vent, du télégraphe aérien, du chien qui cherche à attraper une mouche, d'une mouche, elle-même, j'entends de la mouche du coche. Un de mes amis, bon musicien du reste, prétend qu'il n'est là que pour dire aux exécutants à un moment donné :

« Arrêtez, cela suffit; l'acte, l'ouverture ou la symphonie est terminée.

Tout cela est fort plaisant et de l'esprit le plus affiné; n'empêche que ce monsieur en habit noir a juste, à son pupitre, l'importance d'un pilote au gouvernail.

Un chef d'orchestre doit être d'abord un excellent musicien, un arti te d'un goût très sûr et très fin, habi e à discerner les moindres détails et les moindres intentions de l'auteur; tout à la fois fougueux et réfléchi, ne se laissant jamais emporter par ses instrumentistes, assez énergique pour secouer leur torpeur. Sa mémoire doit être grande, son autorité indiscutée, son geste large et précis; il lui faut qu'on nomme un bras.

Tels furent Girard, Habeneck, Hainl et quelques autres, morts d'ailleurs. Deldevez, qui occupa longtemps le pupitre de l'Opéra et ne quitter celui du Conservatoire possédait une grande partie des qualités exquises, sauf deux : la mémoire et le bras. On plaisanta longtemps sa mollesse et son indécision. Le nez constamment collé sur son pupitre, il semblait toujours la lire pour la première fois. On assurait que son étonnement était grand lorsque, tournant la page, il s'apercevait que la partition était finie. Aujourd'hui qu'il se retire, après une carrière longue et honorable, sinon brillante, on constate que celui, dont on se moquait fort, va laisser derrière lui un vide difficile à remplir. Voici venir une question qui, laissant loin derrière elle la question du Tonkin, va mettre en grand émoi et la cour et la ville.

Danbé a posé bravement sa candidature, Lamoureux a sournoisement fait parler de la sienne, mais la société ne semble vouloir ni de l'un ni de l'autre. Lamoureux, qui a déjà été soupçonné au Co servatoire, a été obligé de donner sa démission, son insuffisance était notoire, D nhé, qui brille à l'Opéra-Comique, s'éclipserait rue Sainte-Cécile. On a bénévolement parlé de Pasdeloup, cela est visible : Pasde-

loup est un brave homme, fondateur d'une excellente société, mais à part cela un piètre musicien et un chef d'orchestre du quatrième ou cinquième catégorie. Un seul homme pouvait bri.ver la succession de Deldevez : c'était Colonne. Il aurait les mêmes défau s que son prédécesseur, mais aussi les mêmes qualités. Il faut ajouter qu'il est encore en progrès. Malh ureusement Colonne, éga ement fondateur d'une socié é florissante, ne consentirait à poser sa candidature qu'avec l'assurance du succès et la Société de concerts, pour des raisons d'ordre moral, difficiles à énumérer ici, repousserait presque sûrement l'intelligent directeur des concerts du Châtelet.

Que reste-t-il alors? Personne. Paris possède quelques ch fs d'orchestre excellents au théâtre. Tels sont Danbé, déjà nommé, Madier de Monjau, Altès, Vaiд ert, Luigini, Momas et autres. Aucun ne peut succéder dignement à Deld.vez comme conducteur de sym honie. Tel est également l'avis de la So.iété des Concerts, qui, en désespoir de cause, a mis en avant deux chroniqueurs, ceux-là de Giraud et de Godart. Sur quoi des chroniqueurs compétents ou prétendus tels ont commencé à mugir.

Nous qui n'appartenons à aucune coterie, étudions, si vous le voulez bien, froidement la chose.

Supposons que demain les metteurs en scène se mettent en grève, croyez-vous que Sardou, qui est un simple auteur de talent, ne prendrait pas dignement la place laissée vacante? Il se trouve aujourd'hui que les chefs d'orchestre sont insuffisants. Ne vaut-il pas mieux essayer autre chose, plutôt que de donner la place à un indigne? Pour mon compte, je le regrette. Un homme du métier serait préférable; il arriverait au pupitre armé de toutes pièces, tandis que les nouveaux venus devront faire un apprentissage laborieux. Ils seront hommes de goût et de science; auront-ils le bras, l'autorité? Une chose me rassure à ce sujet, c'est que la Société des Concerts, composée d'artistes sérieux, n'a pas besoin d'un pion ou d'un pédagogue. Ce qu'il lui faut, c'est un conducteur éclairé, capable d'impo er sa façon de voir par la seule supériorité de son mérite. Guiraud et Godart sont hommes à le faire. Je déplore surtout qu'on prenne à deux musiciens de mérite des heures précieuses et qu'on nous prive ainsi d'œuvres assurément intéressantes. Guiraud me semblant à moi un compositeur d'une plus grande valeur que Godart. Je fais des vœ ux pour que la Soci.té nomme ce d.rnier. Je crois même, si le Conservatoire bien éclairé sur le mérite des deux concurrents, élira Guiraud.

GEORGETTE.

VERS A LA MANIÈRE DE PLUS

I

LA PRINCESSE BÉRÉNICE

Sa tête fine dans sa main toute petite,
Elle écoute le chant des cascades lointaines
Et dans la plaine langoureuse des fontaines
Perçoit comme un écho béni du nom de Tite.

Elle a fermé ses yeux divins de clématite
Pour bien leur peindre, au cœur des batailles
Son doux héros, le mieux aimant des capitain
Et, Juive, elle se sent au pouvoir d'Aphrodite.

Alors un grand souci la prend d'être amoureu
C r dans Rome une loi bannit, barbare, affret
Du trône impérial toute femme étrangère.

Et sous le noir chagrin sanglote son âme
Entre les bras de sa servante la plu chère,
La reine, helas ! défaille et tendrement se pâm

II

LANGUEUR

Je suis l'Empire à la fin de la décadence,
Qui regarde passer les gran ls Barbires blancs
En composant des acrost.ches indolents
D'un style d'or où la langueur du soleil danse.

L'âme seulette à mal au cœur d'un ennui dens
La-bas on dit qu'il est de longs combats sangla
O n'y pouvoir, étant si faible aux vœux si lent
O n'y vouloir fleurir un peu cette existence !

O n'y vouloir, ô n'y pouvoir mourir un peu !
Ah ! tout est bu ! Bathyll:, as-tu fini de rire ?
Ah ! tout est bu, tout est mangé ! Plus rien à c

Seul, un poème un peu niais qu'on jotte au feu
La-bas on dit qu'on a de longs combats sangla
Seul, un esclave un peu coureur qui vous négl.
Seul, un ennui dont on ne sait quoi qui vous afil

d'autres : Jean Moréas, Barrès, bientôt Huysmans et un ami de toujours, Stéphane Mallarmé. Il peut alors paraître que Verlaine a refait sienne l'ancienne fierté de la dévotion à l'art. Du moins le crut-on quand on lut, dans *le Chat noir* du 26 mai 1883, parmi d'autres poèmes, un sonnet inédit, nouveau, raffiné : *Langueur**, synthèse d'images qui commençait par ces vers bientôt annexés aux petites batailles littéraires :

> *Je suis l'Empire à la fin de la décadence*
> *Qui regarde passer les grands Barbares blancs...*

Est-ce le début d'une nouvelle carrière glorieuse ? Les faits ne le veulent pas : le recueil intitulé *(Choses de) Jadis et Naguère* fut véhiculé durant une année, d'éditeur sourd en éditeur aveugle, par le complaisant Charles Morice – de détracteur, devenu disciple – jusqu'à ce que Vanier, patron de « Paris moderne », jeune risque-tout, acceptât de s'en charger comme des *Poètes maudits*, premier chapelet d'« indulgences plénières » en l'honneur de trois frères d'élection, de trois poètes « absolus » au destin inégal : Corbière, Rimbaud, Mallarmé.

Est-ce alors le signal d'une seconde jeunesse sérieuse ? Verlaine donne à cette question une réponse inattendue. A la fin de juillet, il achète des parents de Lucien Létinois la ferme de Malval, près de Coulommes (Ardennes), reliquaire du souvenir. Il quitte Paris sans crier gare, toujours accompagné de sa mère qui fait figure de Niobé. Pendant plus d'un an, un étrange personnage en macfarlane, que presque personne ne connaît autrement que sous le sobriquet de « l'Anglais », va se livrer à Coulommes et aux alentours à une soûlerie de sensualité crapuleuse et priapique, à une féerie de débauches, de prodigalités envers tous les commensaux de rencontre, tous les passants originaux qui lui agréent : bergers, forains, cantonniers, trimardeurs... Animé d'une énergie de fer pour boire et forniquer, il passe des nuits en beuveries grandioses dans son quartier général, le petit cabaret du Bardo, humble caboulot qui connaît alors de fabuleuses bacchanales au champagne.

En Verlaine, l'alcool réveille alors les vieilles poussées de colère rouge et des générosités apparemment insensées, dictées par la plus émouvante fidélité aux paradis perdus : c'est ainsi que l'ancien compagnon de ravissement de Rimbaud au cirque de chevaux de bois à Bruxelles, offre tout simplement, comme gagne-pain, à un chemineau, un manège qu'il paie comptant 1 500 francs-or. Et dans le même temps, cet homme qui attestera fièrement à un journaliste : *Il n'existe pas de péché que je n'aie commis! Tous les péchés capitaux, je les ai commis en pensée et en action! Un véritable damné...*; ce Verlaine qui fait alors penser à une préfiguration de Raspoutine, tient comme Baudelaire un carnet intitulé *Résolutions*, qui commençait ainsi : *J'assisterai à la sainte messe tous les jours... Je prierai matin et soir...*

De ses deux œuvres à paraître, il se désintéresse totalement. Il a laissé à Vanier le soin de réunir les trois études des *Poètes maudits* ; quant à *Jadis et Naguère*, en février 1884, il mande à Ch. de Sivry deux corrections et des instructions aussi rapides que générales. Que son correspondant s'arrange pour le reste !

Et, de nouveau, parce que le poète a cherché dans le seul abîme un accès à l'absolu, voilà que le réel maltraité et la poésie dénaturée punissent conjointement le mauvais alchimiste de la façon la plus banale et la plus pénible : par le manque d'argent. Il ressent alors la réalité comme une insulte, l'impossible comme un cauchemar et tourne sa rage contre son seul bon génie : sa mère, à laquelle il reproche de n'être pas instantanément un génie fastueux des Mille et Une Nuits. Il tente de l'étrangler : un mois de prison.

Quand il en sort, lavé par la solitude, désintoxiqué, c'est pour jeter sur la nature cet œil neuf, et épanouir cette âme poreuse qui lui restituent ensemble ces rapports féeriques invisibles à l'œil nu qui sont la vérité des choses :

> *La Belle au Bois dormant. Cendrillon sommeillait...*
> *L'Oiseau couleur-de-temps planait dans l'air léger...**

Une dernière fois va décroître et disparaître cette troupe d'elfes costumés en vers : ne les nourrissant plus, Verlaine les a lui-même congédiés. Après un ultime refuge dans les Ardennes chez un curé ami qui ne peut plus grand-chose pour une âme que son hôte rebute, Verlaine regagne de nouveau Paris, pour peu de temps, encore avec sa mère. Ce n'est plus comme amant fou ou poète audacieux qu'il y apparaîtra, mais d'abord sous les traits d'un homme de lettres qui fait sa tâche en domestiquant pour le pot-au-feu le feu sacré des révoltes et des extases. Il quitte *le pays des chimères, le seul digne d'être habité,* pour celui des petits faits, de la littérature journalière : il va commencer à y gagner sa vie et à perdre une poésie qui n'est plus que l'argent de poche de l'âme. Désormais, il ne connaîtra guère que des raccourcis d'abîmes, des drames chétifs qui leurrent le drame intérieur de cet être fourbu acharné à tout dévaloriser de ce qui est grave, afin de préserver une sorte de paix grise, tandis que, de surcroît, une contrefaçon de Verlaine arrive à gagner sous le nom de Verlaine la gloire indécise dont le vrai Verlaine se fout, et qui l'empêche à peine de gueuser.

«J'avais déjà mes mercredis... »
Dessin de Verlaine

C'est, avec la mort de Mme Verlaine mère en janvier 1886, la sensation d'une solitude désormais totale. Sur cette pauvre femme qui traversa des malheurs redoublés avec une gaieté sublime ; sur ses sentiments profonds et ses rapports avec son fils, nous savons assez peu de choses sûres, sinon son irréductible, son infatigable amour.

Lucien Létinois mort, Rimbaud évanoui, Mathilde dans l'enfer moral, le petit Georges éloigné, aucun bon génie, aucun intercesseur pour qui s'exalter dorénavant : plus rien qu'une réalité ennemie d'où l'on ne pourrait plus démarrer que vers une irréalité ennemie elle aussi :

Ah ! ses morts ! Ah ! ses morts ! Mais il est plus mort qu'eux !

Sans doute, par un geste admirable qui était la folie du devoir, Verlaine a-t-il alors aggravé sa dépendance sociale en se désaisissant, pour solder la pension alimentaire de son fils, des vingt mille francs de titres soigneusement cachés par sa mère en vue d'assurer l'avenir de son fils quand elle ne serait plus. Mais, s'il a connu une détresse panique qui l'a de nouveau persuadé qu'il était maudit, il s'est assez vite ressaisi et jamais, d'ailleurs, s'il fut souvent dans une gêne pénible, il ne s'est senti voué à une misère irrémédiable, un dénuement qui pût entraver dans les efforts de sa magie le Verlaine de toujours : lui qui admirait tant l'inflexible dévouement à l'Art d'un Villiers de l'Isle-Adam rongé par les difficultés matérielles, aurait été le premier offensé qu'on imputât à la misère les changements, non de sa vie, mais de sa poésie.

On peut, en revanche, évoquer le maléfice soudain de diverses maladies : séquelles de syphilis, hydarthrose du genou, diabète, cirrhose du foie, qui cumulent leurs effets et font longtemps de lui un pilier d'hôpitaux. Mais, là encore, la fatalité extérieure n'est que pour peu dans les résolutions profondes de Verlaine. C'est très consciemment qu'il croit entrevoir une nouvelle voie, la choisit et y persévère, une voie qui revient à faire de l'élémentaire une vertu : route doublement périlleuse en poésie, car elle est ensemble l'apologie du système et de la facilité. Un titre la définira en 1889 :

Paul VERLAINE

PARALLÈLEMENT

①.

1res épreuves,

*corrigées
par l'auteur*

Léon VANIER
éditeur
1889

Parallèlement, mais dès octobre 1885, dans une lettre de remerciements à un critique, Verlaine la décrit avec précision : *Dans ma tête, mon œuvre, si j'ai le temps de faire une œuvre, m'aura, moi, mes vices, mes qualités, scrupules, élans, bons ou mauvais, pour pivot. Donc, parallèlement à mes œuvres catholiques, je veux faire et j'ai fait encore ces derniers temps des vers et de la prose où les sens et leur vanité, l'orgueil de la vie et l'ivresse de la nature sentie à ma façon tiendront toute la place.*

Qu'il rencontre maintenant R. Ghil en 1886 ; qu'il écrive en 1888, pour la seconde édition des *Poètes maudits,* sa biographie poétique sous l'anagramme « Pauvre Lelian » ; qu'après avoir publié *Parallèlement* où il insiste opiniâtrement sur les mêmes principes, il dialogue en 1891 avec le journaliste hollandais Byvanck, – encore et toujours reviennent dans sa bouche ou sous sa plume la même exaltation, pédante dans sa simplicité, d'un plan cohérent, d'un système, d'un « parti pris » d'œuvres poétiques salubrement compensatoires, judicieusement équilibrées, commodément distribuées... L'homme croit, pèche, se repent, récidive : il demeure le même, mais les poèmes sont triés au fur et à mesure ! Des tiroirs sont là pour qu'on y range bourgeoisement les ferveurs d'un côté, les vices quotidiens de l'autre, parallèlement ! L'œuvre en vers servira de comptabilité morale en partie double... En réalité, sous couleur d'authenticité par l'alternance systématique des contraires, l'adhésion à une pareille doctrine mène à la destruction de tout ce que Verlaine voulut ou essaya dans son passé : sensible à sa propre dualité dans la dualité du monde autour de lui, ce fut toujours par fusions dissimulées, par interprétation des thèmes qui se compensent et se rachètent, par une union presque moléculaire des antagonismes qu'il chercha jusque-là le secret de la vie totale. Dans les *Poèmes saturniens* se concluaient ainsi divers mariages miraculeux et simples de l'instant et de l'éternel, auxquels vint coopérer, dans les *Romances sans paroles,* une intimité presque mystique entre la biologie visible des choses et leurs virtualités. Au long des *Fêtes galantes,* c'est dans le cours irrémédiable du présent que font surface et disparaissent les îles flottantes des paradis perdus, tandis qu'un amour cruel, inutile, et fatal, monte avec instance des profondeurs pour sublimer et crucifier la douceur du désir éphémère. Dans *Sagesse*, l'amour est à la fois possession et anticipation : ravissement de l'âme qui pourtant ne tyrannise pas le corps humain mais, à la manière du Greco, sublime ses formes et ses désirs en longues flammes qui s'étirent...

Maintenant, qui ne voit qu'en réduisant l'œuvre en vers au rôle de bilan émotionnel continué et apuré selon les occasions, de plaidoiries alternées et toujours reprises, la nouvelle conception verlainienne de la poésie risque de conduire tantôt à un néo-romantisme jaculatoire, tantôt à une forme de naturalisme en vers ? La réalité jadis haïe, transpercée et transfigurée, ne court plus de risque devant le rêve : elle l'a tourné. Le personnage l'emporte alors sur la personne : aimé pour ce qu'il n'est plus guère, un écrivain las et pauvre qui a décidé de faire de ses sincérités successives une sorte d'assolement, cédera d'autant plus volontiers au siècle, sous l'estampille Verlaine, des poèmes auxquels le Verlaine actuel ne sert plus guère que de prête-nom, comme sa gloire ambiguë lui sert de cache-misère. Car voilà l'autre élément décisif de cette arrière-saison poétique : par un concours d'amitiés admiratives, cette vieillesse déjà commençante renvoie à un Verlaine usé l'image d'une seconde jeunesse littéraire – et presque de sa vraie jeunesse littéraire – qui le révèle enfin aux autres.

C'est en effet le moment où il *devient* Verlaine pour ceux que son ancienne lumière rejoint seulement. En 1880, Zola écrivait, de bonne foi, dans une étude : « M. Verlaine, aujourd'hui disparu... » En 1884, Huysmans, dans « A Rebours », le louait au contraire dans ces termes : « Sa personnalité résidait surtout en ceci : qu'il avait pu exprimer de vagues et délicieuses confidences à mi-voix au crépuscule. Seul, il avait pu laisser deviner certains au-delà troublants d'âme, des chuchotements si bas de pensées, des aveux si murmurés, si interrompus, que l'oreille qui les percevait demeurait hésitante, coulant à l'âme des langueurs avivées par le mystère de ce souffle plus deviné que senti... » Mais c'est au Verlaine des *Fêtes galantes* et peut-être des *Romances sans paroles* qu'il se référait. L'admiration rapporte les œuvres du passé dans le désert du présent, et l'équivoque n'est pas moindre quant au fond : ce qui, dans l'*Art poétique*, excite la louange, la polémique, la popularité, ce ne sont pas les entrevisions d'un frère de Monet ou d'un prophète de Debussy, pas plus que les conseils murmurés d'une voix encore inouïe par un ange-vagabond marchant pieds nus dans l'herbe, non! c'est l'anathème lancé contre la Rime, c'est-à-dire au fond ce à quoi Verlaine tient le moins, puisque – entre autres exemples – il a tenu malicieusement à publier côte à côte cet *Art poétique* où éclate le vers célèbre :

> *O qui dira les torts de la Rime ?*

et un poème dédié au parnassien Albert Mérat qui se termine ainsi :

> *Vivons dans un dandysme épris des seules Rimes !*

Quant à *Langueur,* ce sonnet qui fit fortune (le premier vers a servi de caution et donné droit de cité à un mouvement littéraire et psychologique : le décadisme ; et sans le second, le jeune Maurice Barrès n'aurait jamais trouvé le titre sensationnel de son premier roman : « Sous l'œil des Barbares ») – qui, parmi ses lecteurs déconcertés ou enthousiastes, aurait songé que ces vers d'une telle distinction étaient en réalité profondément personnels, qu'il fallait prendre le *Je* au pied de la lettre comme dans Baudelaire, qu'on retrouvait ici les mots clefs du Verlaine des *Romances sans paroles : langueur,* et cette *âme seulette* qui s'afflige d'un *ennui* sans raison ?

A ces équivoques flatteuses, Verlaine se prête cependant, parce que ces admirations, même superficielles, lui redonnent, à défaut de bonheur, une dignité, et plus encore confèrent une existence à un homme coupé de sa vie profonde : *O Dérision ! j'ai du succès comme poète, de la « gloire » même,* écrit-il en 1887 ; mais cette dérision, hélas, est devenue la condition de son gagne-pain! Le snobisme de la bohème se fixant sur un homme qui cumule le double et trouble prestige d'ancien hors-la-loi et de poète raffiné, de Villon moderne et de Socrate crapuleux, qu'arrive-t-il ? La curiosité à l'égard de cette bête curieuse de la poésie, la part d'exotisme bienveillant dans l'admiration pour un braque peut-être génial, les commandes vite exécutées qui s'ensuivent, servent évidemment la notoriété littéraire. En retour, non seulement elles suscitent les caprices et les pertes de temps d'un poète dont on veut faire malgré lui un chef d'écoles mais elles tendent à pervertir la pureté poétique, à décourager l'effort vers l'exploration de l'essentiel. Verlaine ressemble dès lors au propriétaire d'un bois profond qui débiterait un à un ses arbres à peine en fleurs, au lieu de mettre à profit leur ombre, et d'interpréter leurs murmures.

Pourtant, une dernière révolution semble s'opérer en lui. Il avait fait en 1886 la connaissance de l'écrivain et dessinateur Cazals. Durant de longs mois, il n'a guère ressenti pour ce camarade dévoué que la sympathie d'un aîné envers un factotum intelligent. Au cours de l'été 1888, son amitié flambe et s'exacerbe brusquement. Cazals se dérobant au cours d'une explication violente, l'affection passionnée de Verlaine se spiritualise ou plutôt se transfigure par force. Certains poèmes de 1888 et du début de 1889 marquent une lutte qui n'est plus alors artificielle entre le besoin de Maelstrom et le manque d'air des hauteurs. D'Aix-les-Bains où une cure thermale l'a exilé, Verlaine écrit à Cazals : *Quoi de neuf dans ta vie ? Moi, un sérieux étonnant vient de se faire en moi. Je vais prier pour nous, efficacement, je crois. Je vais aussi travailler... Je suis la brebis perdue et qui s'est retrouvée...*

*Cazals
Dessin de Verlaine, 1888.*

*Lettre de Verlaine à C
Aix-les-Bains, 26 aoû*

Lundi soir — Voici le sonnet à Bellier, la suite laquelle de l'autre, n'est ce pas ? Je le crois, dans le genre, "qu'elle soit..." et tantôt les quelques ... chantées et tout se radix, avec deux encore ballades et les ... d'Amour et de quelque que puisse charmer ... puis nous verrons pour le manuscrit. Travaillé-je ? Et toi ? Le P.V. pour réveiller ? Le Rothschild ? Je ne revois ma tête seule à quelque chose avant de rouler sur l'échafaud comme prédit par les légendaires ascendants.

Et avant que je ne l'oublie : As-tu écrit lettre à MON sculteur au jeune Havrais, acceptation des jeunes sonnets ? Fais ... — et si l'embue à un peu perdre, mais le soin de la popularité !

Bonnamour est livré farci comme faut. Gentil toi de penser que j'avais des nouvelles de mon fils ca me fait plaisir. On ... me fait plaisir, mais que ça n'empêche pas ce qui est écrit d'être écrit. D'ailleurs après débarassé de Vanier, on verra à bien régler tout.

À propos de Bonnamour, pris le soir — aurais-je oublié dans mes lettres d'hier à lui, de m'envoyer quelques plumes, au moins 3, ou non portrait est en carte, or ? du 1 juin (s'il en reste !!) C'est pour donner à mes trois chers docteurs. Aussi prier Julien de me ... pour à m'envoyer l'artel critique où parle de ... Parallèlement à M. Guilland et à M. Monard, quelques cinq à Aix les bains l'envie. ... J'ai donné l'un des deux qui me restaient à Cazalis. (mentionne le fait à Julien) Soigne Julien sans ... avec jeu de mots. d'ailleurs il est si gentil ! un autre "Pauvre que Ch...! à propos que lui écrire à celui-ci, si je dois lui écrire comme me semble-t-il, la politesse si non l'habilité, l'exigerait, après tout. Et quid de Barrès ?

Et hier comme dit chez le sculptit, mais il y avait à la porte un LANDAU tellement rupin que j'ai moi violette, hésité, puis m'armant de courage, trouvé !

Aix est à 1000 mètres au dessus de ces sommets et il y a encore ...

Je ne vous parle pas de vos vers de la
Revue Indépendante : ils sont admirables,
et font penser, ceux-là !

Je vous dirai le reste de vive voix, mon
cher ami. Car il faut que nous nous
voyons un peu plus souvent que ça, à
la fin des fins ! Et que je parle de
vous à mon tour, dans mes feuilles
publiques, (oh ! tout naïvement !")
          Ta main
            Villiers de l'Isle-Adam
45 rue Fontaine

Dis, donc à M. Vanier de m'envoyer Amour et Sagesse : q.e o > vALle ;

Lettre de Villiers de l'Isle-Adam à Verlaine, 15 mai 1888.

Mais, quelques jours plus tard, la mort de Villiers de l'Isle-
Adam l'incline à cette confession désabusée : *Je repense à
Villiers... J'ai fait plus d'efforts que lui, et je fus – hélas ! je
fus un chrétien plus logique. Mes chutes sont dues à quoi ?
Accuserai-je mon sang, mon éducation ? Mais j'étais bon,
chaste... Ah, la boisson qui a développé l'acare, le bacille, le
microbe de la Luxure à ce point en ma chair faite pourtant pour
la norme et la règle ! C'est vrai que le malheur, un malheur
sans pair je crois, m'a – pour un temps – trempé, puis peut-être
détrempé faute d'avoir été pratiqué judicieusement. Je manque
de jugement avec tout le bon sens que j'ai. Morale que je n'aime
guère, car elle pue la semblant physiologie : je suis un féminin, –
ce qui expliquerait bien des choses !*

Il revient d'autant plus volontiers à des projets terrestres satisfaisants, se félicitant de parfaire les œuvres de son âge mûr, qu'en référence à Wagner il baptise avec conviction sa « tétralogie » ... Penché sur l'an qui vient, il célèbre pour la première fois la Nativité par un « Noël » en mineur,

> *La neige à travers la brume...* *

– romance chrétienne presque sans paroles où la polyphonie de l'instant et le don d'enfance sont retrouvés avec le minimum de moyens. Mais cette cloche appelle à une messe de minuit rédemptrice un malade déjà incapable de s'y rendre.

L'année 1890 est la première de l'ultime étape de Verlaine loin de l'esprit de poésie. Tout l'y pousse : une propension grandissante au « concret » et au positif qui se nourrit de tous les soucis ou amuse-temps de la vie quotidienne ; l'ingénieux système de coupes réglées dont veut se satisfaire sa conscience ; l'état de confort moral où il veut se reposer après ce long état d'inconfort spirituel dont il ne s'avise pas que son génie a vécu. C'est en cette année qu'il acquiert le ferme propos d'écrire *des proses* : non plus des essais de poèmes en prose comme Baudelaire, ni ces proses poétiques qui sont des plongées dans le souvenir, des essais de suggestion du fantastique ; non plus ces hommages à des frères ou à des mages en exil tels que ceux des *Poètes maudits* où il rachète la hâte des notices consacrées aux « Hommes d'aujourd'hui » ! Si Baudelaire, Mallarmé, Valéry, pour ne citer que trois symbolistes, ont tous trois mis pied à terre sur d'admirables îles de prose inconnues où, autant que dans les Océanies poétiques, ils ont découvert de nouveaux aspects et de nouvelles techniques de la magie ; si juger la poésie des autres peut d'ailleurs représenter un alibi utile pour un poète lassé – les idées sont alors les succédanés des féeries – autant le propos de Verlaine rend malaisé d'admirer cette partie de son œuvre : ce qu'il vise avec une ingénuité roublarde, c'est de rédiger et de publier avec rapidité des proses d'actualité rémunératrices, et sa poésie blessée s'en ressentira aussitôt ; si, chez d'autres, c'est la rigueur magique de la poésie qui mord sur la prose, chez

Verlaine, c'est le laisser-aller contagieux de la prose qui tend à gagner les vers.

Il prend ainsi l'habitude de considérer que parler minutieusement de soi est un talent, pourvu qu'on le fasse avec *sincérité*. Il s'abandonne aussi naturellement à de petites revanches longtemps différées, et ses rancunes exsudent à travers les généralités. S'il arrive qu'on le voie soudain, dans des sens opposés, distribuer les coups de boutoir inattendus d'un sanglier, c'est que l'instinct de conservation le pousse à se prouver sa combativité et à défendre une place qu'il partage volontiers avec un Mallarmé, mais que le snobisme tend à lui contester au profit de jeunes rivaux tels que Maurice Rollinat, nouveau poète de l'étrange et de l'angoisse lancé par Sarah Bernhardt, René Ghil et surtout Jean Moréas qu'on se plaît malignement à lui opposer. Quand, le 6 janvier 1890, P. Louÿs et A. Gide viennent s'entretenir, à l'hôpital Broussais, avec un maître légendaire dont le halo les intimide, sur quoi roule une grande partie de l'entretien ? Sur les inimitiés littéraires que Verlaine se connaît ou se suppose, de Leconte de Lisle et Catulle Mendès à R. Ghil qui *prend une phrase déjà obscure, et puis la retourne...*, sur la nouvelle école à propos de laquelle Verlaine déclare avec une franchise non exempte d'amertume : *Ils me trouvent arriéré aujourd'hui. Je reçois tous les jours la visite de jeunes gens qui me demandent pourquoi je ne fais pas de vers de quatorze, seize ou dix-huit syllabes !*

Petits problèmes qui le grignotent à leur manière ; positions mineures. Le mouvement « décadent » lui étant apparu comme une réaction efficace contre les « naturalistes » qu'il exècre en bloc (sauf Huysmans, bien entendu), et A. Baju, parrain officiel du « décadisme », s'étant placé, lui et ses jeunes troupes, sous l'invocation de Verlaine, il commence par déclarer le décadisme *une merveille, un maître vocable tout battant neuf, un mot de génie*. Puis, oubliant ou répudiant la rectitude de jugement qui lui avait fait sentir, dans l'*essence* du terme *décadent, un mot qui suppose des pensées raffinées d'extrême civilisation*, il ne tarde pas à ne vouloir envisager dans ce mouvement que les petits côtés, l'aspect scolastique.

Paul Verlaine
massusest et delineabat.

Les théories et le style décadents *me puent au nez furieusement,* *comme dirait Molière,* écrit-il à Cazals, quitte à revenir, en 1891, devant J. Huret, à sa première opinion.

Même esprit de bouderie simpliste, même attitude délibérée de paysan du Danube à l'égard du symbolisme auquel il se sait participant mais dont les novateurs, qui entendent soit le tirer trop en avant, soit annexer ses sincérités successives, le font renâcler. A J. Huret qui va le questionner à ce sujet en 1891 au cours de sa fameuse « Enquête sur l'Évolution littéraire », il répond par des non-sens déconcertants si l'on ne se réfère pas à sa nouvelle esthétique de la poésie instinctive et échotique : *Le symbolisme ?... comprends pas... Ça doit être un mot allemand... hein ? Qu'est-ce que ça peut bien vouloir dire ? Moi, d'ailleurs, je m'en fiche. Quand je souffre, quand je jouis ou quand je pleure, je sais bien que ça n'est pas du symbole... Je ne vois rien dans mon instinct qui me force à chercher le pourquoi du pourquoi de mes larmes...*

Quant aux vers dits « libres », Verlaine n'entend pas qu'ils dépassent les audaces auxquelles il les a lui-même dressés. Il avait conçu des vers de quatorze pieds ? Soit! Que l'on s'en tienne là, déclare-t-il à Huret. *A présent, on fait des vers à mille pattes!* En 1894, il écrit sur ce sujet un poème d'une indulgence paternellement méprisante :

J'admire l'ambition du vers libre...

puis se gausse de Moréas en faisant semblant d'avoir osé un vers immense, de 17 pieds :

Je prendrais l'oiseau léger, laissant le lourd crapaud dans sa *piscine.*

— rébus dont il ne donne la solution qu'à la fin du poème suivant : il s'agit de deux vers distincts!

Il ne sent pas, croirait-on, que ces engagements versatiles et têtus, loin d'attester une liberté souveraine, le fourvoient au contraire dans des sables mouvants où, après sa ferveur poétique, son autorité s'engrave. Mais s'en soucie-t-il vraiment désormais ? On est conduit à en douter quand on voit s'instaurer dans cette destinée qui se délite, l'alternance de

« *Moréas regarde une jambe* *Et moi je me gobe de dos,* *Mal guéri par les villes d'eaux.* *Mais Moréas demeure ingambe* *Affiche de Cazals*

périodes où l'être, après avoir vécu sans écrire, écrit sans vivre, puis en arrive à écrire sans rêver – parce que rêver est trop triste – et même en essayant de penser le moins possible, parce que penser donne honte... Ultimes années au cours desquelles, à la poésie, succèdent des vers seulement assemblés, ou maraudés sur les chemins battus.

Tous les vers ? Du moins ceux que Verlaine publie et avoue. Car, dans le secret, il s'offre un dernier feu d'artifice : *Femmes*, et surtout *Hombres*, qui datent approximativement de 1890-91. Il est dommage pour la perspective psychologique et poétique que la convention interdise de reproduire ces vers, plusieurs fois réimprimés hors commerce sous un large « manteau ». Non que ces poèmes d'une exaltation et d'une crudité forcenées dans les thèmes et les termes soient tous d'une écriture parfaite, ni même toujours surprenants pour ceux qui connaissent ce *Parnasse satyrique du XIX*ᵉ *siècle* auquel les écrivains les plus inattendus avaient, plus de vingt ans auparavant, apporté leur collaboration ; mais bien parce que dans ces vers, et surtout les poèmes homosexuels, réapparaît le Verlaine primitif et sans fard, capable encore des combinaisons les plus dangereuses dans les mots comme dans sa vie même, et qui a dérivé sa dernière sève poétique dans l'expression d'un érotisme *divinisé*. Certaines comparaisons étranges, certaines images emblématiques laisseraient croire, après le vain effort religieux de 1889, à un suprême report de ferveur sur les plus bas symboles fétichistes : ambivalence du démonique et du divin familière à l'auteur du *Bon Disciple*; mais un ancien croyant ne souille et ne piétine opiniâtrement, on le sait, que de grandes images dont l'appel le fait enrager, et des symboles qui, encore et malgré tout, lui tiennent à cœur.

En ce sens, ce Verlaine-là pourrait encore être sauvé, sinon comme chrétien (ce n'est pas notre affaire) mais comme poète remontant l'échelle de Jacob entre le mystère visible des sens et le mystère du monde invisible... Mais non! Il n'en est finalement rien. Si Verlaine a goûté le satanisme d'un Huysmans, il n'a même plus l'appétit de la bravade sacrilège et ne garde que la gouaille comme symbole de sa liberté dans le laisser-aller. En cette année 1891 où il vient de faire successivement la connaissance de deux Béatrice du trottoir : Philomène Boudin, dite aussi Esther, et Eugénie Krantz, surnommée « Mouton », qui se partageront principalement ses forces et son argent, Verlaine, dans deux poèmes précis, entérine ses abandons et codifie ses renonciations ; dans le domaine de la vie personnelle comme dans celui de la création, il érige en principes les habitudes qui régissent désormais ses dernières années, et qui, stabilisant son existence, achèvent de ruiner sa poétique. Le premier poème, recueilli dans *Bonheur*, figure son nouveau credo poétique :

> *L'art tout d'abord doit être et paraître sincère*
> *Et clair absolument : c'est la loi nécessaire*
> *Et dure, n'est-ce pas, les jeunes ! mais la loi...*
> *... L'art, mes enfants, c'est d'être absolument soi-même.*

Avec le second, qui clôt et couronne les *Chansons pour elle*, Verlaine donne l'exemple de cette sincérité sans rémission, dans une sorte de bilan intérieur :

> *Je fus mystique et je ne le suis plus,*
> *(La femme m'aura repris tout entier)*
> *Non sans garder des respects absolus*
> *Pour l'idéal qu'il fallut renier.*
> *Mais la femme m'a repris tout entier !*
> *J'allais priant le Dieu de mon enfance*
> *(Aujourd'hui c'est toi qui m'as à tes genoux)...*

Les deux poèmes, au demeurant, se tiennent par une logique secrète : abandon à la vie, abandon dans l'art. Verlaine ne fuit plus en avant : il s'installe. Dans l'ordre de la chair et de la ferveur enfin réunies à leur plus bas étiage, un masochisme tranquille règle tout. Quel apaisement aux moindres frais !

> *Jouir et dormir ce sera, veux-tu ?*
> *Notre fonction première et dernière,*
> *Notre seule et notre double vertu,*
> *Conscience unique, unique lumière...*
> (Chansons pour elle.)

> *Use de moi, je suis ta chose...*
> (Odes en son Honneur.)

Verlaine et Philomène Boudin, à Londres, 1893.
Dessin de Verlaine

Eugénie Krantz et Verlaine.
Dessin de Cazals.

France.

Madame Verlaine

5 rue Broca

Paris

Laquelle ?...

L'on peut donc croire que Verlaine s'est enfin accompli comme homme, ainsi qu'il l'a toujours souhaité, ou, du moins, qu'il a réussi à s'en persuader. Ce besoin de concilier coûte que coûte tous les êtres en un seul ; cette hâte de ramener toutes les expériences et toutes les souffrances au bercail pour les désarmer une bonne fois ; cette volonté, maintenant que le jour baisse, de prendre enfin une revanche immédiate sur le mauvais rêve de la vie en gonflant son pauvre rêve de maintenant, – tous ces sentiments coalisés sont si pressants qu'ils aboutissent dans l'œuvre journalière à des obsessions compensatrices : certains poèmes des *Chansons pour elle*, des *Odes en son Honneur*, ou des *Elégies*, ne sont, par essence, rien d'autre que des parodies presque hallucinatoires du Verlaine de jadis. Voici que les thèmes les plus anciens de la vie profonde, jadis traduits en questions dans les *Poèmes saturniens*, les *Fêtes galantes* ou les *Romances sans paroles*, reparaissent sur un autre registre, dans une autre clef, pour que les questions se résolvent enfin en réponses, ou que soient reniées les nostalgies. L'inexpiable duel dialogué du *Colloque sentimental* qui terminait les *Fêtes galantes*, le voici – entre autres – enfin racheté par ce colloque affectif des *Odes en son Honneur* :

> ... *Quand je me pâme, lors tu te pâmes.*
> *Et je me pâme plus de sentir qu'aussi tu te pâmes.*
>
> *Ah ! dis, quand je mourrai, mourras-tu, toi ?*
> *Elle : « Comme je t'aimais mieux, je mourrai plus que toi. »*
>
> ... *Et je me réveillai de ce colloque.*
> *Hélas ! C'était un rêve (un rêve ou bien quoi ?) ce colloque.*

Reprises, elles sont effacées, toutes les invocations anxieuses où Verlaine donnait la prééminence au mystère de l'âme :

> *Que ton âme soit blanche ou noire ;*
> *Que fait ? Ta peau de jeune ivoire*
> *Est rose et blanche et jaune un peu ...*
>
> ... *Quant à nos âmes, dis, Madame,*
> *Tu sais, mon âme et puis ton âme,*
> *Nous en moquons-nous ? Que non pas !*
> *Seulement nous sommes au monde,*
> *Ici-bas, sur la terre ronde,*
> *Et non au ciel, mais ici-bas ...*

D'ailleurs, malgré la gêne, au cœur des hôpitaux pour lesquels son paquetage est désormais toujours prêt, comme son corps pour l'immédiat, et son âme pour l'exil, – dans ce clair-obscur de bohème glorieux doublé d'un tâcheron diligent qui, à peine guéri et logé, taille sa prose et faufile ses vers en face de sa concubine qui pique ses points à la machine, – ne lui reste-t-il pas en outre le bonheur de la camaraderie et les oasis de l'absinthe ? Si sa conscience le taquine

à l'égal de sa goutte, ne peut-il lui opposer l'admiration d'un prince de la jeunesse exigeante, ce Maurice Barrès pour lequel il garde le prestige d'un anti-Barbare « différent » du commun, ou la bienveillance seigneuriale d'un prince de la société comme Montesquiou que de secrètes affinités sensuelles humanisent ? En lui le personnage soutient la personne, et la relaie ; tantôt il est le fantôme de Verlaine, tantôt son sosie. Faute de renouveau, il cherche des revanches et parfois les obtient. Si, en 1893, s'autorisant de Baudelaire, il pose à l'Académie française une candidature vite escamotée, en 1894 il est élu prince des poètes à la mort de son ancien maître et vieil ennemi Leconte de Lisle.

Autant qu'il nous touche, combien il nous déconcerte, et

parfois nous sidère, ce Verlaine décrit par Anatole France, Gide, Valéry, ce Verlaine qui frappe avec rage, soudain, au premier confessionnal rencontré, à l'heure où tous les confessionnaux sont vacants, et, déçu, humilié, court derechef au cabaret ; cet ivrogne couvert d'un haut-de-forme et qui retient à deux mains son pantalon, tandis qu'une horde de gamins crie à la chienlit, et que Verlaine titubant montre les crocs en criant : « Merde ! » Mais, s'il est bizarrement pathétique, ce Diogène de l'asphalte tant de fois dépeint, il ne nous paraît pas que cela tienne à l'abandon de soi qu'il extériorise et sur lequel on insiste toujours, mais bien au contraire aux soubresauts dont témoignent, malgré lui, les contrastes et les emportements de cet être qui unit désormais l'apparence de Caliban

à l'âme et à la musique emprisonnées d'Ariel. Chez ce buveur rompu, un ange résigné se réveille encore parfois pour lui rappeler des devoirs, lui souffler des formules d'enchantement désapprises. Des images renaissent alors, fugitives, qui sont de la plus pure poésie, comme celle-ci, dans *Bonheur*, où Verlaine, pour illustrer justement la vanité de la poésie profane, recueille à la fin du vers un mot merveilleusement trompeur qui suscite en nous des pensées d'éclair alors qu'il ne caractérise en fait qu'un misérable insecte comme un puceron ou une punaise...

> *Comme si tel beau vers, telle phrase sonore,*
> *Chantait mieux qu'un grillon, brillait plus qu'un fulgore !*

Une autre fois, peu avant sa mort, il retrouve dans *Dernier Espoir** le compagnonnage miraculeux de l'arbre et de l'oiseau, l'espérance mystique de jadis. Encore faudrait-il que l'âme *veuille* à nouveau *pouvoir* aimer la poésie en elle seule.

Or Verlaine demeure lucide, mais d'une lucidité sans ferveur qui serre le cœur. Il qualifie sévèrement ses *Chansons pour elle* et ses *Odes en son Honneur* de *péchés de vieillesse*, mais il ne les élague pas. Un an avant sa mort, en 1895, rencontrant de nouveau le poëte et critique A. Retté qui le trouve ce jour-là très grave et très sombre, il lui demande brusquement s'il aime ses dernières productions. Retté lui répond affectueusement : « Vous avez fait votre œuvre pour votre gloire et pour notre joie. Aujourd'hui, vous avez bien le droit de vous amuser. » Mais Verlaine : *Ah, justement,* CELA NE M'AMUSE PLUS DE FAIRE DES VERS... *car je ne considère pas comme tels les petites crottes que je ponds maintenant...* Il haussa les épaules et récita :

> *Lorsque tu cherches tes puces*
> *C'est très rigolo...*
>
> *Quelles sottises !... Mais tout m'est égal !*

Où se réfugier, dès lors qu'en rentrant en soi-même on s'aperçoit qu'on y a fait le vide et qu'on n'y trouve plus personne ? Longtemps le poète a éperonné l'homme ; maintenant c'est l'homme qui berce le poète, mais en le berçant l'étouffe. Il se soumet à une vie sans vain mystère et va jusqu'à proposer comme nouvelle règle esthétique sa souriante et pitoyable complicité avec chaque petite émotion qui passe ! En se référant parodiquement à l'ancien « Art poétique », voici qu'il résume l'art à une simplicité de bon aloi :

> *L'art, mes enfants, c'est d'être absolument soi-même.*
> *... On vit simple, comme on naît simple, comme on aime...*
> *D'être un brave homme épris de vivre...*

Plaide-t-il alors pour la galerie, comme au temps où, amant de Rimbaud, il écrivait à Mathilde : *Vous n'avez rien compris à ma simplicité ?* Non, c'est son âme elle-même qui a renoncé à faire plus longtemps les frais de l'éternel procès intenté par la vie même à la Poésie qui s'épuise à la sonder. L'essai d'ascèse artistique, l'essai de dédoublement et de mimétisme dans le paradis perdu du passé, l'essai d'une métaphysique de l'ivresse et d'une mystique de la perception ; les bras serrés autour de Mathilde, autour de Rimbaud, autour du Christ : toutes ces tentatives de délivrance, si l'on accélère mentalement les années, apparaissent comme la même quête incessante, vaine et admirable, d'un havre de lumière, par le passager courageux d'un vaisseau fantôme...

Mais quoi ? Ces étapes ne furent-elles pas seulement celles d'un triste et absurde rêve ? Le navire, bien réel, est tout simplement au cœur du sable calme de l'arrière-port. Tant mieux ! Le malheureux passager se repose enfin et se gîte.

Le bonheur, ce n'est pas de gravir sans fin de dures routes mentales qui ne mènent nulle part, mais de s'ancrer en chaque instant complice... Dans la vie comme dans l'Art, il faut exploiter benoîtement les produits bruts de la sensualité et de la sensibilité, en se défiant par instinct de ces dangereuses chimies poétiques que l'on s'épuise trop longtemps à considérer comme le grand Œuvre de la vie et les arcanes du bonheur!

L'art, mes enfants, c'est d'être absolument soi-même... Celui qui écrit cette maxime de facilité, s'aperçoit-il, veut-il même se douter que du jour où, pauvrement heureux dans son train-train de petites joies, de petite gloire viagère, de petits enfers, il a laissé, par lassitude, se toucher les deux pôles de sa nature, – une sorte de court-circuit s'est allumé qui a détruit l'énigmatique et merveilleuse machinerie poétique qui était la sienne? A quoi, en effet, sous couvert de renouvellement ou de rajeunissement de la poésie, revient une telle théorie, sinon à la négation de l'alchimie poétique fondamentale, dont tout le laboratoire onomastique et spirituel peut, dès lors, être remplacé par un simple appareil enregistreur de sensations versifiées? Verlaine sait pourtant – et de longue date – que la poésie, organe du trouble devant l'insolite qu'elle révèle, organe de communion avec cet insolite qui est la vérité profonde du Monde, ne se fait ni avec de hautes idées ni avec des émotions cataloguées, mais avec des mots-fées, vers des connaissances-fées. Le poète n'est pas un réflecteur. Il est un témoin et un otage du mystère. Il est un intermédiaire entre l'amour de l'existence et l'intuition de son essence. Cela non plus, Verlaine ne l'ignore pas, mais il lui revient surtout qu'il a cher payé sans cesse pour l'apprendre, et jusqu'à y perdre ce que les autres hommes appellent la vie. Il oublie alors que sa poésie n'a été sauvée que pour l'avoir su.

L'oublie-t-il, ou veut-il s'aveugler? *Mort!* Mort? Voici qu'en décembre 1895, tel un vieil oiseleur magicien qui se réveillerait soudainement pour décider enfin le départ de ses hirondelles avant de les accompagner loin de l'hiver, il rassemble en hâte, avec une autorité souveraine, les nostalgies et les mystères de son monde intérieur, et leur enjoint de le précéder au seuil de son éternité. Ils nous y attendent.

Pourquoi donc est-ce que l'on s'enchante à Verlaine ? Les uns s'y attachent parce qu'il a *cherché* ; les autres le chérissent parce qu'il a *aimé*.

Dans son vain et pathétique désir d'absolu, il a cherché et parfois réussi à enfermer le « jamais plus » de chaque homme dans ces pièges à éternité que sont les instantanés des *Poèmes saturniens*, l'impressionnisme ésotérique des *Romances sans paroles* ou de certains poèmes de prison – quand il n'a pas simplement aboli ce « jamais plus » grâce aux opérations magiques des *Fêtes galantes* et à leur alchimie d'un *retour éternel*. Appliquant à la poésie, par tâtonnements savants, une analyse spectrale des émotions immédiates et des instants profonds, il a cherché en même temps avec une anxiété récompensée la sécurité d'un enchantement spirituel au cœur même du trouble saisi et réduit par l'œuvre d'art. En saisissant à leur naissance les murmures et la pulsation de l'être ou des choses dans leur pénombre, il a ainsi exprimé cette part de l'ineffable qui, étant l'essence de la vie intime, représente le vrai royaume de la liberté, dont la poésie doit plus que jamais assumer la prospection.

Mais aussi, il a aimé. Il a aimé unir chaque instant et chaque extase, de la plus simple à la plus sacrée. En nous éveillant, il nous aide à aimer. Grâce à sa visitation poétique, cet homme frissonnant d'anxiété, et souvent de détresse, devant ses propres abîmes, devant l'étrangeté taciturne de la vie, devant l'absurdité cruelle des êtres et des choses, a pu cependant vendanger, comme Baudelaire, « les fruits miraculeux dont notre cœur a faim ». Point seulement cueillir *des fruits, des feuilles et des branches*, avec *mon cœur qui ne bat que pour vous*, à l'intention d'une bien-aimée fugitive, – mais haler le sens pathétique de la jeunesse pour celui qui l'a apparemment perdue, l'extase pour celui qui la cherchait sans la soupçonner si près, – l'âme cachée au cœur des choses et dont l'appel réclame notre sympathie au même titre que l'âme cachée au cœur de l'instant, et celle qui s'exalte dans le mystère de l'éternel.

Chercher. Aimer. Chercher à susciter dans sa forme et son

murmure irremplaçables, et à garder vivant pour toujours le meilleur de ce que l'on aime – n'est-ce pas en définitive deux aspirations inséparables ? Poésie, toi sans qui les êtres et les choses seraient moins que ce qu'ils sont...

Sans cesse, alors, Verlaine a été au-delà de lui-même en se cherchant et en aimant. Être soi-même, ce qui signifierait n'être *que* soi-même, ce serait précisément désespérer de soi-même. L'art, c'est au contraire de chercher inlassablement en soi-même un *autre* que soi-même, c'est-à-dire l'être second qui comprend et traduit l'âme essentielle du monde. Je *doit* être « un autre », pour pouvoir le rejoindre, car cet *autre* seul nous guide chaque fois jusqu'au tournant dissimulé par où l'on passe de l'existence à la vraie Vie.

Langueur
A Georges Courteline

Je suis l'Empire à la fin de la décadence,
Qui regarde passer les grands Barbares blancs
En composant des acrostiches indolents
D'un style d'or où la langueur du soleil danse.

L'âme seulette a mal au cœur d'un ennui dense.
Là-bas on dit qu'il est de longs combats sanglants.
O n'y pouvoir, étant si faible aux vœux si lents,
O n'y vouloir fleurir un peu cette existence!

O n'y vouloir, ô n'y pouvoir mourir un peu!
Ah! tout est bu! Bathylle, as-tu fini de rire?
Ah! tout est bu, tout est mangé! Plus rien à dire!

Seul, un poème un peu niais qu'on jette au feu,
Seul, un esclave un peu coureur qui vous néglige,
Seul, un ennui d'on ne sait quoi qui vous afflige!

(Jadis et Naguère.)

Parsifal

A Jules Tellier

Parsifal a vaincu les Filles, leur gentil
Babil et la luxure amusante - et sa pente
Vers la Chair de garçon vierge que cela tente
D'aimer les seins légers et ce gentil babil ;

Il a vaincu la Femme belle, au cœur subtil,
Étalant ses bras frais et sa gorge excitante ;
Il a vaincu l'Enfer et rentre sous sa tente
Avec un lourd trophée à son bras puéril,

Avec la lance qui perça le Flanc suprême !
Il a guéri le roi, le voici roi lui-même,
Et prêtre du très saint Trésor essentiel.

En robe d'or il adore, gloire et symbole,
Le vase pur où resplendit le Sang réel.
— Et, ô ces voix d'enfants chantant dans la coupole !

(Amour.)

Pensée du soir

Couché dans l'herbe pâle et froide de l'exil,
Sous les ifs et les pins qu'argente le grésil,
Ou bien errant, semblable aux formes que suscite
Le rêve, par l'horreur du paysage scythe,
Tandis qu'autour, pasteurs de troupeaux fabuleux,
S'effarouchent les blancs Barbares aux yeux bleus,
Le poëte de l'Art d'Aimer, le tendre Ovide
Embrasse l'horizon d'un long regard avide
Et contemple la mer immense tristement.

Le cheveu poussé rare et gris que le tourment
Des bises va mêlant sur le front qui se plisse,
L'habit troué livrant la chair au froid, complice,
Sous l'aigreur du sourcil tordu l'œil terne et las,
La barbe épaisse, inculte et presque blanche, hélas !
Tous ces témoins qu'il faut d'un deuil expiatoire
Disent une sinistre et lamentable histoire
D'amour excessif, d'âpre envie et de fureur
Et quelque responsabilité d'Empereur.
Ovide morne pense à Rome, et puis encore
A Rome que sa gloire illusoire décore.

Or, Jésus ! vous m'avez justement obscurci :
Mais n'étant pas Ovide, au moins je suis ceci.

(Amour.)

La Belle au Bois dormait. Cendrillon sommeillait.
Madame Barbe-bleue ? elle attendait ses frères ;
Et le petit Poucet, loin de l'ogre si laid,
Se reposait sur l'herbe en chantant des prières.

L'Oiseau couleur-de-temps planait dans l'air léger
Qui caresse la feuille au sommet des bocages
Très nombreux, tout petits, et rêvant d'ombrager
Semaille, fenaison, et les autres ouvrages.

Les fleurs des champs, les fleurs innombrables des champs,
Plus belles qu'un jardin où l'Homme a mis ses tailles,
Ses coupes et son goût à lui, – les fleurs des gens ! –
Flottaient comme un tissu très fin dans l'or des pailles,

Et, fleurant simple, ôtaient au vent sa crudité,
Au vent fort, mais alors atténué, de l'heure
Où l'après-midi va mourir. Et la bonté
Du paysage au cœur disait : Meurs ou demeure !

Les blés encore verts, les seigles déjà blonds
Accueillaient l'hirondelle en leur flot pacifique.
Un tas de voix d'oiseaux criait vers les sillons
Si doucement qu'il ne faut pas d'autre musique...

Peau-d'Ane rentre. On bat la retraite – écoutez ! –
Dans les États voisins de Riquet-à-la-Houppe,
Et nous joignons l'auberge, enchantés, esquintés,
Le bon coin où se coupe et se trempe la soupe !

(Amour.)

La neige à travers la brume
Tombe et tapisse sans bruit
Le chemin creux qui conduit
A l'église où l'on allume
Pour la messe de minuit.

Londres sombre flambe et fume :
O la chère qui s'y cuit
Et la boisson qui s'ensuit !
C'est Christmas et sa coutume
De minuit jusqu'à minuit.

Sur la plume et le bitume,
Paris bruit et jouit.
Ripaille et Plaisant Déduit
Sur le bitume et la plume
S'exaspèrent dès minuit.

Le malade en l'amertume
De l'hospice où le poursuit
Un espoir toujours détruit
S'épouvante et se consume
Dans le noir d'un long minuit...

La cloche au son clair d'enclume
Dans la tour fine qui luit,
Loin du péché qui nous nuit,
Nous appelle en grand costume
A la messe de minuit.

(Bonheur.)

Juin

Mois de Jésus, mois rouge et or, mois de l'Amour,
Juin, pendant quel le cœur en fleur et l'âme en flamme
Se sont épanouis dans la splendeur du jour
Parmi des chants et des parfums d'épithalame,

Mois du Saint-Sacrement et mois du Sacré-Cœur,
Mois splendide du Sang Réel, de la Chair Vraie,
Pendant quel l'herbe mûre offre à l'été vainqueur
Un champ clos où le blé triomphe de l'ivraie,

Et pendant quel nous misérables, nous pécheurs,
Remémorés de la Présence non-pareille,
Nous sentons ravigorés en retours vengeurs
Contre Satan pour des triomphes que surveille

Du ciel là-haut, et sur terre, de l'ostensoir,
L'adoré, l'adorable Amour sanglant et chaste,
Et du Sein douloureux où gîte notre espoir
Le Cœur, le Cœur brûlant que le désir dévaste,

Le désir de sauver les nôtres, ô Bonté
Essentielle, de leur gagner la victoire
Éternelle. Et l'encens de l'immuable Été
Monte mystiquement en des douceurs de gloire.

(Liturgies intimes.)

Dernier Espoir

Il est un arbre au cimetière
Poussant en pleine liberté,
Non planté par un deuil dicté, –
Qui flotte au long d'une humble pierre.

Sur cet arbre, été comme hiver,
Un oiseau vient qui chante clair
Sa chanson tristement fidèle.
Cet arbre et cet oiseau c'est nous :

Toi le souvenir, moi l'absence
Que le temps – qui passe – recense...
Ah, vivre encore à tes genoux!

Ah, vivre encor! Mais quoi, ma belle,
Le néant est mon froid vainqueur...
Du moins, dis, je vis dans ton cœur?

                                    (Le Livre posthume.)

▲ *Image de Maurice Denis pour « Sagesse », 1911.*

Mort !

Les Armes ont tu leurs ordres en attendant
De vibrer à nouveau dans des mains admirables
Ou scélérates, et, tristes, le bras pendant,
Nous allons, mal rêveurs, dans le vague des Fables.

Les Armes ont tu leurs ordres qu'on attendait
Même chez les rêveurs mensongers que nous sommes,
Honteux de notre bras qui pendait et tardait,
Et nous allons, désappointés, parmi les hommes.

Armes, vibrez! mains admirables, prenez-les,
Mains scélérates à défaut des admirables!
Prenez-les donc et faites signe aux En-allés
Dans les fables plus incertaines que les sables.

Tirez du rêve notre exode, voulez-vous?
Nous mourons d'être ainsi languides, presque infâmes!
Armes, parlez! Vos ordres vont être pour nous
La vie enfin fleurie au bout, s'il faut, des lames.

La mort que nous aimons, que nous eûmes toujours
Pour but de ce chemin où prospèrent la ronce
Et l'ortie, ô la mort sans plus ces émois lourds,
Délicieuse et dont la victoire est l'annonce!

(Décembre 1895.)

P. Verlaine
Eugène Carrière

CHRONOLOGIE

1798   Naissance de Nicolas Verlaine, père du poète, à Bertrix (Luxembourg belge).

1812   Naissance d'Élisa Dehée, mère du poète, à Fampoux, près d'Arras.

1831   Mariage des parents du poète. Le père est officier du génie.

1836   Naissance d'Élisa Moncomble, cousine de Verlaine et son premier grand amour.

1844   30 mars - Naissance de Paul-Marie Verlaine, à Metz, 2 rue Haute-Pierre. Enfance heureuse et aisée (400 000 francs de fortune...).

1851   Le père de Verlaine donne sa démission d'officier. Paris.

1853   Naissance de Mathilde Mauté, future femme de Verlaine.

1853-1862   Neuf années d'internat. Verlaine suit les cours du lycée Bonaparte (Condorcet).

1854   Naissance de Jean-Arthur Rimbaud.

1858   « Depuis ses quatorze ans, il avait rimé à mort, genre obscéno-macabre. » Envoi de vers à Victor Hugo *(la Mort)*.

1860-1861   Lecture des « Fleurs du mal » et des « Cariatides », de Banville.

1862   Baccalauréat. Vacances dans le Nord, particulièrement à Lécluse, auprès de la cousine Élisa. Promenades et lectures.

1863   Premier imprimé, dans la « Revue du Progrès » de L.-X. de Ricard. Verlaine fréquente le salon des Ricard : milieu littéraire « parnassien ».

1863-1864   Verlaine assidu des concerts Pasdeloup.

1864   Verlaine, pour ordre, employé d'une compagnie d'assurances, puis expéditionnaire à la Ville de Paris.

1865   Collaboration au « Hanneton », journal satirique, puis à « l'Art », nouvelle publication de Ricard. Mort du père.

1866   Cénacles parnassiens. Le Parnasse contemporain : 8 poèmes « saturniens » de Verlaine dans la livraison du 28 avril.
Novembre - Mise en vente des *Poèmes saturniens* (505 exemplaires).

1867   Février - Mort d'Élisa.
Août - Visite à Victor Hugo, à Bruxelles.
2 septembre - Verlaine aux obsèques de Baudelaire.

1867-1868   Soirées brillantes et bohèmes chez Nina de Villard. Parnassiens, présymbolistes, artistes et futurs communards...

1869   Juin - Fiançailles officieuses avec Mathilde Mauté. Premiers poèmes de *la Bonne Chanson*.
Juillet - *Fêtes galantes* (360 exemplaires).

1870   11 août - Mariage de Verlaine.
22 août - Lettre élogieuse de Rimbaud à son professeur sur les *Fêtes galantes*. *La Bonne Chanson* (590 exemplaires).

1871   Le siège de Paris et la Commune. Verlaine « chef du Bureau de la Presse ». A la victoire de Thiers, il se cache et se tapit à la campagne, dans sa famille.
Deuxième série du Parnasse contemporain (1869), retardée par la guerre : six poèmes de Verlaine.
Septembre-octobre - Lettre de Rimbaud et invitation de Verlaine. Arrivée de Rimbaud le 10 septembre. Causeries passionnées et rôderies dans Paris.
30 octobre - Naissance de Georges, fils de Verlaine.

1872	Janvier - Mésentente croissante. Verlaine, qui a voulu étrangler sa femme, établit son quartier général chez Rimbaud. Février - Demande en séparation contre Verlaine, qui éloigne provisoirement Rimbaud. Paix conjugale provisoire. Mars-mai - Lettre de soumission à Rimbaud « exilé ». Rimbaud revenu « punit » Verlaine de plusieurs coups de couteau. 7 juillet - Verlaine quitte soudain Paris avec Rimbaud. Madame Verlaine, partie pour Bruxelles, ne réussit pas à ramener son mari. Juillet-septembre - Verlaine et Rimbaud voyagent en Belgique, puis s'installent à Londres. Septembre-décembre - Départ, puis retour de Rimbaud, partagé entre la lassitude et la tendresse.
1873	Printemps - Suite de départs et de retrouvailles. Verlaine essaie de se reprendre et de se renouveler littérairement. « Un roman féroce » ? « Un livre de poèmes d'où l'homme sera complètement banni » ? Il met du moins au point les *Romances sans paroles*. 4 juillet - Verlaine abandonne brusquement Rimbaud à Londres. 6-8 juillet - Lettres de Rimbaud suppliantes, puis aigres-douces. Verlaine rappelle Rimbaud qui le rejoint à Bruxelles, où se trouve déjà Madame Verlaine mère. Août - Rimbaud étant inflexiblement déterminé à reprendre sa liberté, Verlaine le blesse légèrement d'un coup de revolver. Pansement à l'hôpital. Sur le chemin de la gare, Rimbaud interprète mal un geste de Verlaine et se réfugie auprès d'un agent de police. Verlaine est arrêté, inculpé, condamné en première instance et en appel. Prison de Mons.
1873-1874	Verlaine en prison écrit un recueil de poèmes, *Cellulairement*, qui s'étendent sur un clavier très large, et seront redistribués dans *Sagesse*, *Jadis et Naguère*, *Parallèlement*.
1874	Mars - Les exemplaires d'auteur des *Romances sans paroles*, éditées à Sens (600 exemplaires), arrivent à Verlaine dans sa prison. Aucune réponse au service de presse fait par l'intermédiaire de Lepelletier. Pour tous, Verlaine est englouti. Avril - Jugement de séparation prononcé contre Verlaine qui est effondré. Avril-août - Étapes d'une conversion. Lectures spirituelles et poèmes chrétiens.
1875	16 janvier - Verlaine sort de prison. Février - Vaines tentatives de rapprochement avec Mathilde, puis avec Rimbaud (voyage à Stuttgart). Professorat à Stickney, en Grande-Bretagne. A Londres, brève connaissance de Germain Nouveau. L'envoi de Verlaine au troisième Parnasse contemporain est sèchement refusé (ainsi d'ailleurs que « l'Après-Midi d'un faune » de Mallarmé).
1876	Septembre - Après Stickney et diverses pérégrinations, nouveau poste de professeur, cette fois à Bournemouth, où il reste presque continûment jusqu'à l'automne de 1877.
1877-1879	Verlaine professeur à l'Institution Notre-Dame à Rethel. Lucien Létinois.
1879	Août - Verlaine, poliment congédié de Rethel, part pour l'Angleterre avec Létinois. Celui-ci à Stickney, Verlaine enseigne à Lymington jusqu'à Noël. Retour en France avec Létinois.
1880	Verlaine avec Létinois à Coulommes, puis à la ferme de Juniville, près de Rethel. Juillet-septembre - Préparation de *Sagesse*, qui paraît en décembre (500 exemplaires ?). Indifférence presque générale de la critique, malgré une belle et habile « prière d'insérer » de l'auteur.
1881-1882	Verlaine surveillant à Reims, où Létinois fait son volontariat, puis de nouveau à Juniville, dès que Létinois a achevé son service. Faillite de l'expérience rurale et vente de la ferme.
1882	Eté - Retour à Paris. Séjour et « pionicat » en banlieue, toujours non loin de Létinois, puis auprès de Madame Verlaine mère. 10 novembre - Publication de l'*Art poétique*.

1883	7 avril - Mort de Lucien Létinois.
	Mai - Publication de *Langueur*, dont se réclame le décadisme.
	Automne - Début de la folle vie à Coulommes.
1884	Avril - *les Poètes maudits* (253 exemplaires).
1885	Janvier - *Jadis et Naguère* (500 exemplaires).
	Février-mai - Conversion de la séparation de corps en divorce, aux torts de Verlaine-Sommet des excès à Coulommes. Verlaine emprisonné (mars) pour coups et blessures à sa mère ; relâché (au milieu de mai). A Paris avec sa mère.
	Septembre-novembre - Maladie du genou. Hospitalisation à Broussais.
	Jusqu'en 1895, Verlaine passera une grande partie de sa vie dans divers hôpitaux, dont il est l'hôte résigné, et en général choyé.
1886	21 janvier - Mort de la mère du poète.
	Novembre - *Mémoires d'un veuf.*
1888	Mars - *Amour.*
	Août - Nouvelle édition augmentée des *Poètes maudits.*
1889	Juin - Verlaine fait de Cazals son héritier. Publication de *Parallèlement* (600 exemplaires).
	Août-septembre - Cure à Aix-les-Bains.
1890	Mars - Préface (non recueillie en volume) pour la réimpression des *Poèmes saturniens.*
	Décembre - *Dédicaces* (350 exemplaires, édités par souscription).
	Femmes (hors commerce, 175 exemplaires).
1891	Mai - *Bonheur*. Représentation par la troupe du théâtre d'Art de la petite pièce *les Uns et les Autres* écrite en 1870-1871 et publiée dans *Jadis et Naguère.*
	Juin - *Choix de poésies*, avec un portrait par E. Carrière.
	Novembre - *Mes hôpitaux.*
	Décembre - *Chansons pour elle.*
	Verlaine, dès lors, vit alternativement avec Philomène Boudin et Eugénie Krantz.
1892	Avril - *Liturgies intimes* (375 exemplaires).
	Chansons grises, poésies de P. Verlaine, musique de Reynaldo Hahn.
	Novembre - Conférences en Hollande.
1893	Février-mars - Conférences en Belgique.
	Mai - *Élégies. Odes en son Honneur.*
	Juin : *Mes prisons.*
	Juillet - Candidature à l'Académie française.
	Novembre-décembre - Conférences en Lorraine, puis en Grande-Bretagne.
	Décembre - *Quinze jours en Hollande* (1 050 exemplaires).
1894	Mai - *Dans les limbes.*
	Août - Verlaine élu prince des poètes. Barrès et Montesquiou forment un comité de quinze personnes qui s'engagent à constituer à Verlaine une pension mensuelle de 150 francs.
	Octobre - *Madame Aubin*, comédie en un acte, est représentée aux soirées du café Procope.
	Décembre - *Épigrammes* (1 050 exemplaires).
1895	Juin - *Confessions.*
	Octobre - Préface aux *Poésies complètes* d'Arthur Rimbaud.
	Noël - Verlaine, souffrant, est obligé de s'aliter.
1896	Janvier - Verlaine, qui a eu le délire, se confesse le 7 à un prêtre de Saint-Étienne-du-Mont qui en conservera une profonde impression. Après une rémission et un dîner amical, il tombe prostré sur le carrelage de sa chambre d'où Eugénie cherche en vain à le relever Il meurt le 8 à 7 heures du soir. Ses obsèques ont lieu le 10. Coppée, Barrès, Moréas et G. Kahn prononcent des discours sur sa tombe.
	Février - *Chair (Dernières poésies).*
	Décembre - *Invectives.*

ŒUVRES EN LIBRAIRIE

LES AMIES-FILLES : Bruker (ill. de Paul Colin), épuisé.

BONHEUR : Mercure de France, épuisé. Rombaldi, épuisé.

LA BONNE CHANSON – AMOUR – BONHEUR – CHANSONS POUR ELLE : Colin, « Cluny » (texte établi et annoté par Y.-G. Le Dantec). Creuzevault, épuisé.

LA BONNE CHANSON suivi de ROMANCE SANS PAROLES ET DE SAGESSE : Le Livre de poche.

CHOIX DE POÉSIES : Fasquelle. Hachette, coll. « Vaubourdolle ».

CORRESPONDANCE ET DOCUMENTS INÉDITS RELATIFS A SON LIVRE « QUINZE JOURS EN HOLLANDE », Dorbon, épuisé. Messein, épuisé.

FÊTES GALANTES – JADIS ET NAGUÈRE : Colin, « Cluny », (notes de Y.-G. Le Dantec).

FÊTES GALANTES : Nizet (texte établi par J.-H. Bornecque). Mermod, épuisé. Rombaldi, épuisé. Messein, épuisé. Creuzevault.

JADIS ET NAGUÈRE – PARALLÈLEMENT : Le Livre de poche.

LETTRES A CHARLES MORICE : Droz-Minard, épuisé.

LETTRES A PROPOS DE « QUINZE JOURS EN HOLLANDE » ET DOCUMENTS INÉDITS RECUEILLIS ET PRÉCÉDÉS D'UNE INTRODUCTION : Dorbon.

LITURGIES INTIMES : Bruker.

ODES EN SON HONNEUR : Éd. du Bélier, avec suite en noir des illustrations de Touchagues épuisé.

ODES EN SON HONNEUR – ÉLÉGIES – DANS LES LIMBES – CHAIR – LE LIVRE POSTHUME – POÈMES DIVERS : Colin, « Cluny » (texte établi par Y.-G. Le Dantec).

ŒUVRES : Messein, en 5 vol. ŒUVRES CHOISIES : Hazan.

ŒUVRES COMPLÈTES : Les Heures Claires, en 7 vol. rel. et ill. Rombaldi, épuisé.

ŒUVRES POÉTIQUES : Garnier ; coll. « Sélecta » ; coll. « Prestige ». Bordas (extraits).

ŒUVRES POÉTIQUES COMPLÈTES : Gallimard, coll. « Bibliothèque de la Pléiade » (texte établi et annoté par Y.-G. Le Dantec).

PAGES CHOISIES : Didier.

PARALLÈLEMENT : De Tartas, sous emboîtage, avec illustrations de Leonor Fini.

PARALLÈLEMENT – INVECTIVES : Colin, « Cluny » (annot. de Y.-G. Le Dantec).

LES PLUS BELLES POÉSIES : Artisan du Livre, épuisé.

POÈMES : Hazan, épuisé. Mazenod, épuisé.

POÈMES CHOISIS : Colin, « Cluny », (présent. de Y.-G. Le Dantec). Hazan. La Bonne Compagnie, épuisé.

POÈMES SATURNIENS : Nizet (texte établi par J.-H. Bornecque).

POÈMES SATURNIENS – LES FÊTES GALANTES : Le Livre de poche.

POÈMES SATURNIENS – PREMIERS VERS : Colin, « Cluny » (annot. de Y.-G. Le Dantec).

POÉSIES COMPLÈTES : Messein, 5 t. POÉSIES : Tchou, « Le Livre de chevet ».

POÉSIES RELIGIEUSES : Messein, épuisé.

ROMANCES SANS PAROLES – DÉDICACES – ÉPIGRAMMES : Colin, « Cluny » (annot. de Y.-G. Le Dantec).

SAGESSE – LITURGIES INTIMES : Colin, « Cluny » (annot. de Y.-G. Le Dantec).

SAGESSE : Nizet. Creuzevault.

BIBLIOGRAPHIE

Œuvres de Verlaine

Œuvres poétiques complètes, Bibliothèque de la Pléiade, texte établi et annoté par Y.-G. le Dantec. (Nouvelle édition révisée par J. Borel, 1964.)

Œuvres complètes de Paul Verlaine, texte établi et annoté par H. de Bouillane de Lacoste et J. Borel, le Club du Meilleur Livre, 2 vol., 1959-1960.

Œuvres poétiques, Éd. Jacques Robichez, Garnier Frères, 1969.

Sagesse, Amour, Bonheur, Éd. J.-H. Bornecque, Gallimard, 1975.

Correspondance (incomplète...), publiée par Ad. van Bever, Messein, 3 vol., 1922-1929.

Lettres inédites à Cazals, publiées par G. Zayed, Droz, 1957.

Lettres inédites à Charles Morice, publiées par G. Zayed, Droz, 1964.

Lettres inédites à divers correspondants, publiées par G. Zayed, Droz, 1976.

Iconographie

J.-M. CARRÉ, *Autour de Verlaine et de Rimbaud :* dessins inédits, Université de Paris, 1949.

F. A. CAZALS, *Verlaine, ses portraits*, Bibliothèque de l'Association, 1896.

F. RÉGAMEY, *Verlaine dessinateur*, Floury, 1896.

F. RUCHON, *Verlaine, documents iconographiques*, Cailler, 1947.

Quelques références biographiques et critiques (livres et articles)

A. ADAM, *Verlaine*, Hatier, nouvelle édition 1961.

L. ARESSY, *la Dernière Bohème : Verlaine et son milieu*, Jouve, 1923.

J.-H. BORNECQUE, *les Poèmes saturniens de P. Verlaine*, édition augmentée, Nizet, 1967. - *L'Art poétique de Verlaine*, Istanbul, 1956. - *Lumières sur les Fêtes galantes*, édition augmentée, Nizet, 1969.

F. A. CAZALS ET G. LE ROUGE, *les Derniers Jours de P. Verlaine*, Mercure de France, 1923.

M. COULON, *Au cœur de Verlaine et de Rimbaud*, Le Livre, 1925.

CL. CUÉNOT, *le Style de P. Verlaine*, C. D. U. 1963.

E. DELAHAYE, *Verlaine*, Messein, 1919.

CH. DONOS, *Verlaine intime*, Vanier, 1898.

A. FONGARO, *Notes sur la genèse de « Cellulairement »*, « Revue des Sciences humaines », avril-juin 1957.

E. LEPELLETIER, *P. Verlaine, sa vie, son œuvre*, Mercure de France, 1907.

P. MARTINO, *Verlaine*, Boivin, nouvelle édition, 1951.

H. MONDOR, *l'Amitié de Verlaine et de Mallarmé*, Gallimard, 1939.

B. MONKIEWICZ, *Verlaine critique littéraire*, Messein, 1928.

L. MORICE, *« Sagesse », de Verlaine. Étude et édition critique*, Nizet, 1948.

F. PORCHÉ, *Verlaine tel qu'il fut*, Flammarion, 1933.

J.-P. RICHARD, *Poésie et Profondeur*, Éd. du Seuil, 1955.

A. SAFFREY, H. DE BOUILLANE DE LACOSTE, *Verlaine et les « Romances sans paroles »*, « Mercure de France », août 1956.

EX-MADAME P. VERLAINE, *Mémoires de ma vie*, Flammarion, 1935.

G. ZAYED, *la Formation littéraire de P. Verlaine*, nouvelle édition augmentée, Nizet, 1970.

INDEX DES POÈMES FIGURANT DANS L'ANTHOLOGIE

INDEX DES ŒUVRES CITÉES DANS LE TEXTE

Galanterie

Chanson inédite, paroles de Paul VERLAINE, musique de Gaston DELETREZ

TABLE

ILLUSTRATIONS

Coll. J.-H. B. : 2, 8, 11b, 27b, 30, 36, 38, 40, 54, 59, 90, 92, 103,
141a, 154, 164. - Coll. Sirot : 47, 70. - Bibliothèque Jacques
Doucet/Seuil : 10b, 15, 24, 64, 147, 167. - Bibliothèque Historique de la Ville de Paris/Seuil : 2/3 cv., 142. - Bibliothèque
Nationale/Seuil : 4, 11a, 17, 21, 25, 27a, 56, 61, 65, 88, 98, 104,
110, 117, 129, 132, 136, 138, 140b, 145, 148, 152, 153, 157, 159,
162, 163, 166, 168, 169, 180, 189. - Jacques Boulas : 13. - Bulloz :
45, 126, 176. - Central-Photo : 32. - Giraudon : 35, 50, 58, 81. -
Anderson-Giraudon : 76. - Jean-François Gitton : 173. - Musée
des Beaux-Arts/Montréal : 40. - Musée Rimbaud : 62, 67, 108. -
Photo Amateur : 111. - Roger Viollet : 10a, 182. - © SPADEM : 8, 51,
56, 61, 81, 90, 92, 98, 180, 182, 189. - Droits réservés ADAGP : 61.
Travaux photographiques : Publicité R. Bardet et F. Duffort.
Couverture : Verlaine par Thomas Couture (nouvelle attri-
bution), inédit publié par le « Figaro Littéraire », 20 mars 1954. -
2/3 cv. : La rue Soufflot, 1877. - Face à la page de titre : Allocution prononcée lors d'une manifestation républicaine, décembre 1868 (autographe).
CE LIVRE, LE SOIXANTE-DOUZIÈME DE LA COLLECTION « ÉCRIVAINS DE TOUJOURS »
DIRIGÉE PAR DENIS ROCHE A ÉTÉ RÉALISÉ PAR DOMINIQUE LYON-CAEN.

collections microcosme
ÉCRIVAINS DE TOUJOURS

LE TEMPS QUI COURT

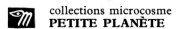 collections microcosme
PETITE PLANÈTE

PETITE PLANÈTE / VILLES

LE RAYON DE LA SCIENCE

SOLFÈGES

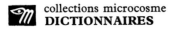

collections microcosme
DICTIONNAIRES

 ## MAITRES SPIRITUELS

ACHEVÉ D'IMPRIMER EN 1978 PAR L'IMPRIMERIE TARDY QUERCY S.A. A BOURGES
D. L. 2e trim. 1967 - n° 1814-5 (8945)